Schlag nach

im Sachunterricht 3/4

Herausgeber: Werner G. Mayer

erarbeitet von: Ruth Berendes-Luckau, Klaus-Dieter Holenz, Eva Jung, Brunhild Menzel, Peter Menzel, Beate Mijdam, Ulrike Schwandt

Ausgabe Hessen
erarbeitet von: Alexandra Motz, Manuela Schmutzler

Bayerischer Schulbuch Verlag

Inhalt

■ Der blaue Planet 4

■ Wasser und Wetter
Der Wasserkreislauf........................ 6
Alles Wasser.............................. 8
Wie kommt das Salz ins Meer?...........10
Löst Wasser alle Stoffe?...............12
Pflanzen brauchen mehr als nur Wasser..14
Woher kommt unser Trinkwasser?.........16
Wie kommt das Wasser ins Hochhaus?....18
In der Küche wird gemischt 19
Alles klar?..............................20
Wasser ist kostbar......................22
Wie wird das Wetter?....................24
Wärme und Kälte........................26
Wetterküche............................28

■ Luft und Feuer
Was Luft alles kann.......................30
Luft zum Atmen 32
Luftverschmutzung......................33
Feuer – faszinierend und gefährlich........34
Feuer und Flamme 36
Feuer wird gelöscht......................38
Die Feuerwehr: Retten – Löschen –
    Bergen – Schützen 40

■ Wald
Spuren 42
Der Wald ist wichtig......................44
Tiere und Pflanzen brauchen einander....46
Die Fledermaus..........................48
Ein Baum entsteht........................50
Pflege des Waldes.......................52

■ Heimat und Welt
Unsere Partnerklasse kommt zu Besuch..54
Unser Stadtführer.......................56
Landeshauptstadt Wiesbaden...............58
Frankfurt am Main.......................60
Am Frankfurter Flughafen................62
Vom Modell … zur Karte.................64
Kassel..................................66
Der Main................................68
Hessisches Bergland.....................70
Hessen..................................72
Deutschland.............................73
Europa..................................74
Welt....................................76

■ Wir in der Welt
Medien verbinden uns mit der Welt 78
So leben Kinder in aller Welt..............80
Feste in aller Welt.......................82
Kinder haben Rechte.....................84
Kinder arbeiten.........................86
Kinder helfen Kindern lernen..............88

■ Zusammenleben
Miteinander.............................90
Die Klassensprecherwahl..................91
Konflikte................................92
Lösungen................................93
Ein neuer Schulhof – unser Anliegen
    an die Gemeinde 94

■ Spielen, Entdecken, Bauen
Spielzeug – Made in Germany 96
Kaleidoskop – ein Spielzeug und
    sein Geheimnis 98
Versuche mit Licht......................99
Brücken tragen Lasten...................100
Fußball................................102

■ Medien und Information
Computer **104**
Produktion von Papier **106**
Von der Handschrift zum Buchdruck **108**
Medien helfen uns weiter **110**
Unsere Grundschulzeitung **112**

■ Technik verändert das Leben
Eine Erfindung bewegt die Welt **114**
Reisen – früher, heute – und morgen? ... **116**
Mensch und Maschine **118**
Eine tolle Rolle **120**
Wir bauen einen Kran **122**
Wir brauchen Energie **124**

■ Fit im Straßenverkehr
Umweltbewusst? **126**
Sicheres Verhalten im Straßenverkehr ... **128**
Vorfahrt muss geregelt werden **130**
So pflegst du dein Fahrrad **132**
Die Radfahrprüfung **133**

■ Eine Reise ins Weltall
Sternbilder **134**
Wir planen unser Projekt **136**
Strom fließt im Kreis **138**
Wie werden die Glühlämpchen
geschaltet? **140**
Die Kulisse **142**
Die Kostüme **144**
Die Aufführung **146**

■ Müll
Wohin mit dem Abfall? **148**
Papier aus Altpapier **150**

■ Blick in die Vergangenheit
Steinzeit **152**
Die Ritter **154**
Die Burganlage **156**
In der Burg **158**

■ Körper und Gesundheit
Was mein Körper alles leistet **160**
Iss dich gesund! **162**
Bewegung macht munter **164**
Atmen heißt leben **166**
Lauter Lärm **168**
Unfälle vermeiden **170**
Erste Hilfe **171**

■ Mädchen und Jungen
Mädchen verändern sich **172**
Jungen verändern sich **173**
Komische Gefühle und schlechte
  Geheimnisse **174**
Schwangerschaft und Geburt –
  eine Familie entsteht **175**
Zusammenleben in Familien **176**
Familien im Wandel der Zeit **177**

Register **178**

Der blaue Planet

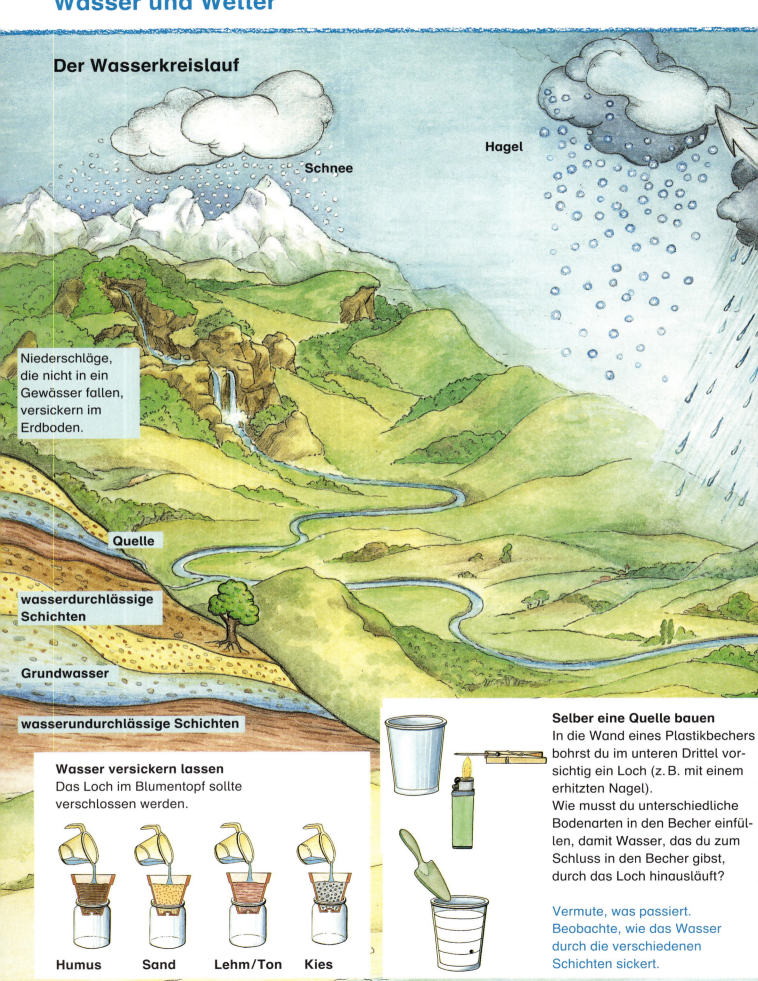

Wasser und Wetter

Alles Wasser

Nebel

Wolken

Regen

Hagel

Wasser verschwindet?

Du brauchst:
drei gleich große Gläser, Messbecher, Markierstift, etwas Frischhaltefolie

So wird's gemacht:
Fülle in die drei Gläser mithilfe des Messbechers gleich viel Wasser. Markiere auf allen Gläsern den Wasserstand. Stelle ein Glas an einen schattigen Platz. Stelle das zweite Glas an einen sonnigen Platz (oder auf die Heizung). Verschließe das dritte Glas mit der Folie. Markiere nach zwei Tagen wieder bei jedem Glas den Wasserstand. Was stellst du fest?

Man braucht:
einen Kochtopf, eine Kochplatte, ein Thermometer

So wird's gemacht:
Der Topf wird zur Hälfte mit Wasser gefüllt und auf die Kochplatte gestellt. Man schaltet die Platte ein, stellt das Thermometer ins Wasser und beobachtet. Was ändert sich, wenn die Temperatur steigt?

Festes Wasser?

Du brauchst:
einen Joghurtbecher

So wird's gemacht:
Fülle den Becher halb voll mit Wasser und stelle ihn ins Gefrierfach. Hole ihn einen Tag später wieder heraus. Was ist passiert?

Am kühlen Topfdeckel bildet der Wasserdampf winzige Tröpfchen. Sie werden immer größer und fallen als Tropfen herab. So kannst du es „regnen" lassen.

Wenn das Wasser langsam und unsichtbar in die Luft aufsteigt, sagt man, es „verdunstet". Je wärmer das Wasser ist, desto schneller verdunstet es zu Wasserdampf. Je wärmer die Luft ist, desto mehr Wasserdampf kann sie aufnehmen. Wasserdampf ist Wasser in gasförmigem Zustand.

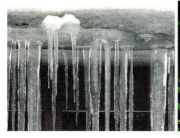   

Eis   **Tau**   **Reif**   **Schnee**

Wasser aus dem Nichts?

Du brauchst:
ein trockenes Glas, eine Lupe

So wird's gemacht:
Stelle das trockene Glas für etwa 30 Minuten ins Gefrierfach. Nimm es heraus und beobachte, was sich am kalten Glas zeigt. Was fühlst du? Was siehst du durch die Lupe?

So gehst du vor, wenn du ein Problem mithilfe von Experimenten untersuchen und lösen willst:

- Fragen stellen
- Vermutungen äußern
- Versuch planen
- Material besorgen
- Versuch durchführen und beobachten
- Ergebnis auswerten – evtl. anderen Lösungsweg suchen, Frage beantworten

Man braucht:
einen Kochtopf mit Glasdeckel, eine Kochplatte, ein Glas

So wird's gemacht:
Man bringt das Wasser zum Kochen. Dann hält man den Glasdeckel über den Topf und beobachtet. Was stellst du fest, wenn der Deckel schräg über das Glas gehalten wird?

Flüssiges Eis?

Du brauchst:
eine Glasschüssel/Aquarium, das Eis aus dem Joghurtbecher

So wird's gemacht:
Fülle die Schüssel halb voll mit Wasser und gib das Eis hinein. Was stellst du fest? Beobachte über einen längeren Zeitraum.

Wird die Luft kälter, kann sie nicht mehr so viel Wasserdampf aufnehmen. Es entstehen winzige Wassertröpfchen. Man sagt, der Wasserdampf „kondensiert". Das Wasser ist wieder in flüssigem Zustand.

Bei Temperaturen unter null Grad Celsius wird Wasser allmählich fest. Es erstarrt und gefriert zu Eis. Eis so wie auch Schnee, Hagel und Raureif sind Wasser in festem Zustand.

Wasser und Wetter

Wie kommt das Salz ins Meer?

Du kannst dir mit Salz und Wasser selbst Meerwasser herstellen.

Du brauchst:
einen Messbecher, ein Trinkglas, einen Teelöffel, Speisesalz, Wasser

So wird's gemacht:
Fülle 100 ml Wasser in das Glas. Löse 1 Teelöffel Salz darin. Was kannst du tun, damit sich das Salz schneller löst? Wenn alle Gefäße und Geräte sauber waren, kannst du den Geschmack prüfen.

Wie kommt nun aber das Salz ins Meer?

Schau dir noch einmal die Seite mit dem Wasserkreislauf genau an. Führe dann den Versuch „Wasser versickern lassen" mit Sand durch, den du mit 1 Esslöffel Salz gemischt hast. Wie kannst du prüfen, ob in dem durchgesickerten Wasser Salz enthalten ist? Eine Geschmacksprobe darfst du nicht machen, weil der Sand verunreinigt sein kann!

Auch das Salz in einem Salzbergwerk stammt aus Seen und Meeren, die vor Jahrmillionen eingetrocknet sind. Allmählich wurden diese Salzseen von Gesteinsschichten überlagert. Dadurch konnte der Regen das Salz weit unten in der Erde nicht mehr lösen.

Solche Kristalle kannst du selbst züchten:

Mit einem einfachen Experiment kannst du den Kreislauf des Wassers nachahmen:
vom Regen auf die Erde durch Flüsse und Meere wieder zu den Wolken hinauf.

Du brauchst:
1 großes Glas, z. B. ein Gurkenglas, 1 Trinkglas (oben breiter als unten), das in die Öffnung des größeren Glases passt, 1 Lampe, Salzlösung

So wird's gemacht:
Fülle etwa 2 cm hoch Salzlösung in das große Glas. Hänge das Trinkglas oben in die Öffnung. Lass die Lampe wie auf dem Foto auf die Salzlösung scheinen.

– Und wieder heraus?

Beobachte, was geschieht, wenn du das Gefäß mit dem durchgesickerten Wasser aus deinem Versuch offen stehen lässt.

WIE DIE TRÖPFCHEN AM GLAS WOHL SCHMECKEN?

Wasser und Wetter

Löst Wasser alle Stoffe?

Forscher verwenden für ihre Experimente besonders geeignete Geräte und Gefäße, z. B. Reagenzgläser, Bechergläser, Petrischalen, Pipetten, Messlöffel, Holzspatel usw.

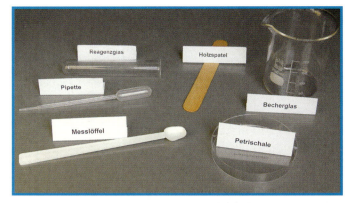

Damit du bei deinen Versuchen wie ein richtiger Forscher arbeiten kannst, stellst du dir einen Reagenzglasständer aus Gips her.

Wenn Forscher an einem Problem arbeiten, führen sie mehrere Versuche in einer Versuchsreihe durch.
Um zu untersuchen, ob Wasser alle Stoffe löst, führst du auch eine Versuchsreihe durch.

Du brauchst:
Mehl, Zucker, Sand, Salz, Gips, Superabsorber (z. B. aus einer Babywindel), Petrischalen, Pipetten, Teelöffel, Becher mit Wasser

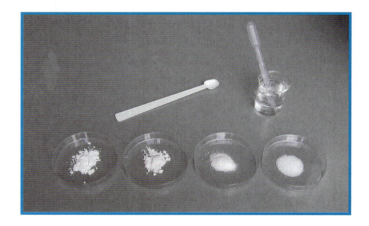

So wird's gemacht:
Gib jeweils 1/2 Teelöffel von einem Stoff in eine Petrischale. Tropfe mit der Pipette langsam Wasser zu und zähle die Tropfen. Beobachte genau, wann sich die Stoffe verändern. Notiere deine Beobachtungen in einer Tabelle.

Vergleicht eure Beobachtungen.

Stoff	löst sich	löst sich nicht	Wie verändert er sich?

Welche Stoffe fördern das Wachstum einer Pflanze?

Pflanzen brauchen außer Wasser, Luft und Licht auch Nährstoffe zum Wachsen. Mit dem Kresseversuch kannst du untersuchen, welche Stoffe gut für die Pflanze sind und welche ihr schaden.

Du brauchst:
3 Petrischalen, Kressesamen, Watte/Papiertaschentücher, 3 Pipetten, 3 Gläser, Salz, flüssigen Pflanzendünger, Teelöffel, Wasser

So wird's gemacht:
Fülle die Gläser zur Hälfte mit Wasser. Rühre in ein Glas 1 Teelöffel Salz, in das andere Glas einen halben Teelöffel Pflanzendünger. Das dritte Glas enthält nur Wasser. Klebe Schildchen auf die Gläser: Wasser, Salzlösung, Düngerlösung.
Lege eine dünne Schicht Watte oder Papiertücher auf den Boden der Petrischalen. Tropfe mit den Pipetten in die erste Schale so viel Wasser, dass die Watte feucht ist. In die zweite Schale tropfst du Salzlösung, in die dritte Düngerlösung. Markiere die Schalen. Streue nun vorsichtig Kressesamen auf die Watte.
Achte darauf, dass die Watte in den Schalen immer feucht ist. Beobachte die Kressesamen.

Wie gelangen nun diese unterschiedlichen Stoffe in die Pflanze?

Dass Wasser Farben löst, weißt du schon. Mit Tinte und Wasser kannst du den Vorgang genau beobachten.

Du brauchst:
1 Reagenzglasständer, 2 Pipetten, 2 Reagenzgläser, Wasser, rote und blaue Tinte

So wird's gemacht:
Fülle die Reagenzgläser zur Hälfte mit Wasser. Vermute, was geschieht, wenn du je 1 Tropfen von der roten und blauen Tinte in die Reagenzgläser tropfst. Probiere aus und beobachte. Was geschieht, wenn du weiße Blumen in dieses gefärbte Wasser stellst?

Schneide die Stängel an und stelle die Blumen sofort in die Reagenzgläser.
Beobachte über einen längeren Zeitraum.

Kann Wasser auch feste Stoffe transportieren?

Du brauchst:
ein Glas Wasser, Zucker, 1 Teelöffel, Schere, einen Stängel Bleichsellerie mit Blättern

Denke auch bei diesem Experiment daran, den Stängel anzuschneiden. Probiere, ob sich der Geschmack der Blätter verändert.

Wasser und Wetter

Pflanzen brauchen mehr als nur Wasser

Auf Seite 12 und 13 hast du erfahren, wie Nährstoffe in eine Pflanze gelangen. Außer den Nährstoffen benötigen die meisten Pflanzen zum Leben auch unbedingt Licht. Viele Pflanzen, die an dunklen Stellen wachsen, versuchen deshalb, möglichst schnell ins Licht zu gelangen. Bohnen zum Beispiel, die ursprünglich in Urwäldern wuchsen, umschlingen deshalb mit ihren Stängeln jede Stütze, die sie finden, und klettern so mehrere Meter hoch.

Was braucht eine Pflanze zum Wachsen?
So findet ihr es heraus:
Pflanzt in verschiedene Töpfe mit Erde je eine Bohne ein. Stellt zwei Töpfe an ein Fenster und gießt den einen regelmäßig und den anderen gar nicht. Stellt einen dritten Topf daneben, den ihr ebenfalls regelmäßig gießt. Deckt ihn aber mit einem mit Luftlöchern versehenen Schuhkarton ab. Stellt einen Topf an einen kühlen Ort. Gießt ihn regelmäßig. Beobachtet die Töpfe etwa zwei Wochen. Was stellt ihr fest?

Jan Steen, Das Bohnenfest

Das Bohnenfest
Am Dreikönigstag (6. Januar) wurde früher das Bohnenfest gefeiert. In einen Kuchen wurde eine rote Bohne eingebacken. Wer das Stück mit der Bohne bekam, wurde König. Manchmal wurde auch eine zweite, weiße Bohne eingebacken, mit der die Königin bestimmt wurde. Der Bohnenkönig ernannte einen Hofstaat. Dazu gehörten zum Beispiel der Mundschenk, ein Diener, ein Sänger, ein Musikant und ein Hofnarr. Wenn der König trank, riefen die anderen: „Der König trinkt!" und alle mussten mittrinken.

Der Maler Jan Steen hat ein solches Fest auf seinem Bild „Das Bohnenfest" dargestellt. Hier ist ein Junge der Bohnenkönig.

Wasser und Wetter

Woher kommt unser Trinkwasser?

Trinkwassergewinnung
Regenwasser versickert in der Erde. Auf seinem Weg durch mehrere Kies- und Sandschichten wird es auf natürliche Art gereinigt. Erst wenn es auf eine Lehm- oder Steinschicht trifft, kann das Wasser nicht mehr weiter nach unten sickern und bahnt sich dann seinen Weg zu den Flüssen, Meeren usw. Das Wasser nennt man nun **Grundwasser**.

Mithilfe von kräftigen Pumpen wird aus Flüssen, Seen, Quellen, Stauseen oder der Erde Quellwasser, Oberflächenwasser und Grundwasser gepumpt. In Hessen gewinnt man Wasser unter anderem aus dem Edersee, einem Stausee. Im Wasserwerk wird dieses Wasser, das man nun **Rohrwasser** nennt, auf Verunreinigungen untersucht und gereinigt. Ist es sauber, wird es dann durch lange Rohre in die Häuser transportiert.

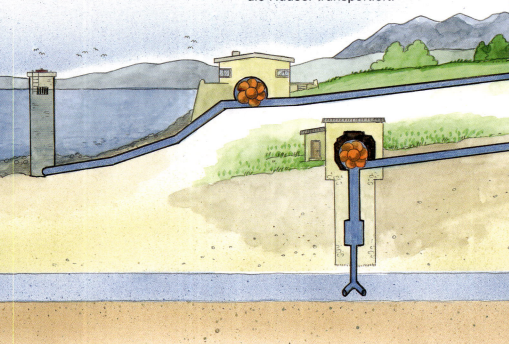

Wasserwerk
Im Quelltopf sprudelt das Wasser in einem großen Becken an die Oberfläche und wird zur Aufbereitungsanlage weitergeleitet. Dort wird das Wasser gefiltert und gereinigt, d.h. von Schmutzteilchen und Krankheitserregern befreit. Die Qualität wird im Labor laufend überwacht. Trinkwasser ist das am besten kontrollierte Lebensmittel.

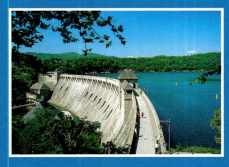
Edersee

Rohwasserpumpen

Hochbehälter
Hier wird das aufbereitete Trinkwasser gespeichert und je nach Bedarf an die Verbraucher verteilt. Der Hochbehälter sorgt für ausreichenden Wasserdruck in den Leitungen.

Leitungsnetz
In unterirdischen Wasserleitungen gelangt das Wasser zu den Verbrauchern. Von großen Hauptleitungen zweigen zahlreiche Nebenleitungen ab.

Hydrant Schieber
An den Hydranten kann Wasser auf der Straße z.B. durch die Feuerwehr entnommen werden. Bei Wasserrohrbrüchen kann mit Schiebern das Wasser abgestellt werden.

Wasseruhr
In jedem Haus gibt es eine Wasseruhr, auf der man den Wasserverbrauch ablesen kann. Das Wasser kostet Geld und wird nach Kubikmetern bezahlt (1 Kubikmeter hat 1000 Liter).

Quelltopf

Filterhalle

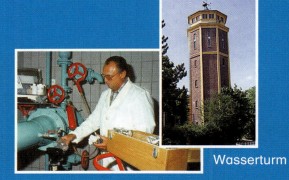
Wasserprobeabnahme

Wasserturm

Wasser und Wetter

Das muss ich untersuchen. Ich bau mir einfach eine Wasserleitung.

Wie kommt das Wasser ins Hochhaus?

Beobachte, wie sich das Wasser im Leitungssystem verteilt und wie hoch es in den verschiedenen Röhren steigt. Kannst du erklären, wie es möglich ist, dass Wasser im obersten Stockwerk eines Hochhauses aus dem Hahn fließt?

Wie gelangt das Wasser in das leere Gefäß? Schütten ist nicht erlaubt!
Benutze den Schlauch.

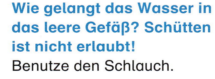
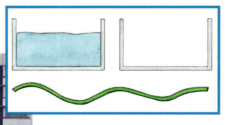

Überlege, wie das Wasser in den gebogenen Abflüssen steht.

Der Fachmann nennt einen solchen Abfluss „Siphon". Ein Siphon verhindert, dass üble Gerüche aus dem Leitungssystem austreten. Findest du eine Erklärung?

In der Küche wird gemischt …

Ob sich Essig und Öl für eine Salatsoße wirklich mischen?
Für die Versuchsreihe verwendest du am besten wieder Reagenzgläser.

Untersuche, wie sich Öl mit Wasser und Öl mit Essig mischen lässt. Beobachte und erkläre. Was geschieht, wenn du die Reagenzgläser schüttelst? Verschließe sie dazu mit einem Stopfen.

Was passiert, wenn du Salz und Kräuter zufügst?

Findest du einen Weg, wie du mit den abgebildeten Geräten deine Salatsoßen-Mischung wieder trennen kannst?
Was geschieht bei deinen Trennversuchen mit der Farbe und mit dem Geruch des Essigs?

Im Labor wird Aktivkohle verwendet, um Farb- und Geruchsstoffe zu entfernen.

Aktivkohle entsteht durch Verkohlen von Holz. Das Pulver hat erstaunliche Eigenschaften: es kann in einer ungeheuer großen Anzahl winziger Poren viele Stoffe festhalten. In der Medizin nutzt man die Fähigkeit der Aktivkohle, um die schädlichen Stoffe zu binden, die Bakterien in Magen und Darm ausscheiden. Der Arzt kann deshalb bei leichten Darminfektionen Aktivkohletabletten verschreiben.

Führe mit deiner Salatsoßen-Mischung auch Trennversuche mit Aktivkohle durch.

Wasser und Wetter

Alles klar?

Im Alltag verbrauchen wir große Mengen an sauberem Trinkwasser.
Die Verschmutzung von Wasser lässt sich nicht vollständig vermeiden,
aber man kann darauf achten
- Wasser zu sparen;
- die Verschmutzung von Wasser möglichst gering zu halten;
- wenn möglich, Regenwasser zu nutzen.

Die vom Menschen verursachten Abwässer sind für Tiere, Pflanzen und nicht zuletzt für ihn selber schädlich. Abwasser muss gereinigt werden, weil es ansonsten große Schäden in den natürlichen Gewässern verursachen würde.

Verschmutztes Wasser wird über die Abwasserkanäle zu den Kläranlagen geleitet und dort gereinigt. Danach kann es in die natürlichen Gewässer zurückfließen.
Regenwasser wird über extra Leitungen und ein Becken, in dem grobe Verunreinigungen ausgefiltert werden, direkt in Flüsse und Seen zurückgeleitet.
Regenwasser kann man auch auffangen und für bestimmte Zwecke im Haushalt verwenden.

| Abwasser |
| Schmutzwasser |
| Regenwasser |
| Trinkwasser |

Abwässer werden durch die **Kanalisation** in die Kläranlage geleitet. Zunächst filtert der Grobrechen ❶ Schmutzteile wie Papier, Plastik, Holz, ... heraus. Danach wird das Wasser sehr langsam durch den Sandfang ❷ geleitet. Alle schweren Verschmutzungen (Sand, Kies, ...) setzen sich am Boden ab und werden abgesaugt.

Anschließend werden im Vorklärbecken ❸ alle schwimmenden Verunreinigungen (Öl, Fett, ...) durch einen Räumer von der Wasseroberfläche entfernt. Andere Schmutzstoffe setzen sich als Schlamm am Boden ab und werden in den Faulturm gepumpt.

Im Belebtschlammbecken ❹ nehmen Bakterien und Kleinstlebewesen die weitere Reinigung des Abwassers vor, indem sie die im Wasser gelösten Schmutzteile „fressen". Um sie mit dem notwendigen Sauerstoff zu versorgen, wird in das Becken Luft geblasen. Im Nachklärbecken ❺ setzen sich die Bakterien als Schlamm ab, der dann auch in den Faulturm gepumpt wird. Nun kann das so weit gereinigte Wasser (Brauchwasser) wieder in natürliche Gewässer geleitet werden. Es enthält aber immer noch Stoffe (z. B. Phosphat), die in manchen Kläranlagen auch noch chemisch entfernt werden können.

Im beheizten Faulturm ❻ verfault der Klärschlamm. Gas, das bei diesem Fäulnisprozess freigesetzt wird, wird als Antriebsmittel für Gasmotoren und Heizungsanlagen eingesetzt. Die Entsorgung von giftigem Schlamm kostet viel Geld.

Wasser aus Kläranlagen hat niemals Trinkwasserqualität.

Wasser und Wetter

Wasser ist kostbar

Der größte Teil des Wassers auf unserer Erde ist das Salzwasser der Meere. Aber Menschen und die meisten Tiere und Pflanzen brauchen zum Leben Süßwasser, das nur einen winzigen Teil des Weltwassers ausmacht.

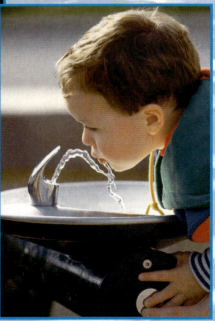

Wasser ist unser wichtigstes Lebensmittel. ...

Süßwasser ist auf unserer Erde nicht gleichmäßig verteilt. In manchen Gebieten der Erde regnet es nur ganz selten. Durch diesen Wassermangel kann auf den Feldern nur wenig wachsen. Menschen und Tiere leiden große Not.

... Wir müssen es schützen und verantwortlich damit umgehen.

Wasser und Wetter

Wie wird das Wetter?

Wolken geben mit ihrer Form Hinweise darauf, wie das Wetter wird. Das wissen Wetterfachleute, die Meteorologen, die uns das Wetter vorhersagen, ganz genau!
Probiere es aus und erstelle dir deine eigene Wettervorhersage.

Die Informationen dazu holst du dir direkt vom Himmel und durch Beobachtungen in der Natur.

Schönwetterzeichen
- Federwolken stehen bei sonnigem Wetter beständig am Himmel.
- Haufenwolken lösen sich in kleine Wolken auf.
- Am Morgen ist der Himmel leicht dunstig und hell.
- Zarte, weiße, leichte Wölkchen stehen hoch am Himmel.
- Die Vögel singen schon ganz früh und fliegen hoch.
- Abendrot verspricht gutes Wetter.
- Mond und Sterne sind klar zu sehen und flimmern nicht.
- Tau sammelt sich bis zum Morgen auf den Blättern.

Schlechtwetterzeichen
- Werden Federwolken größer, kommt Regen.
- Schäfchenwolken kündigen oft Regen an.
- Werden Haufenwolken dichter, gibt es Gewitter.
- Regenwolken bringen im Sommer Dauerregen, im Winter Schnee.
- Am Morgen hebt sich der Nebel kaum und der Himmel wirkt gelblich.
- Dicke, graue Wolken hängen tief.
- Die Vögel singen kaum und fliegen tief.
- Der Mond hat einen Hof und die Sterne flimmern.
- Salat öffnet seine Blätter, Klee und Gänseblümchen schließen sie.

Federwolke
fein, schleierartig, wie eine Feder am Himmel; weiß, seidig glänzend

Haufenwolke
Unterseite flach, Oberseite blumenkohlartig gewölbt; unten grau, oben weiß

Regenwolke
schwer, grau-dunkel, hält die Sonne ab; an der Unterseite ziehen Wolkenfetzen

Gewitterwolke
riesige, dichte Wolkenmassen, hoch aufgetürmt; unten dunkel, oben weißgrau

Abendrot

Schäfchenwolken

Mond mit Hof

Die Frage „Wie wird das Wetter?" interessiert alle Menschen. Für die Wettervorhersagen gibt es weltweit ein Netz von Wetterstationen. Hier werden rund um die Uhr Messungen durchgeführt. Die Messdaten von Satelliten, Wetterschiffen, Wetterballons und Bodenstationen werden in den Wetterämtern gesammelt. Aus den Messungen und Beobachtungen erstellen die Meteorologen mithilfe von Computern Wetterkarten und Vorhersagen.

Wettersatellit

Wettermessgeräte selbst gebaut

Windrichtungsmesser
Plastiktrinkhalm, Dose, Korken, Stecknadel, dicke Plastikfolie

Windstärkemesser
Plastiktrinkhalm, Korken, Stecknadel, Perle, dicke Plastikfolie, Stock

Niederschlagsmesser/ Regenmesser
Plastikflasche, Lineal

Wasser und Wetter

Wärme und Kälte

„Ich kann mit meinen Händen die Temperatur messen."

Ist das möglich? Probiere aus.
- Tauche die linke Hand in kaltes Wasser und die rechte Hand in warmes Wasser.
- Zähle langsam bis 20.
- Tauche jetzt beide Hände gleichzeitig in die mittlere Schüssel mit lauwarmem Wasser.

Was fühlst du nun mit beiden Händen?

Der schwedische Forscher Anders Celsius wollte genau wissen, wie kalt oder warm etwas ist. Daher erfand er eine Einteilung für das Thermometer. Er teilte den Abstand zwischen dem Siedepunkt (an dem das Wasser kocht) und dem Gefrierpunkt (an dem das Wasser zu Eis wird) in 100 Grade ein.

Verschiedene Thermometer

Warum steht oben am Thermometer der Buchstabe C?

Plus:
Grade über Null
Wärme

Thermometerflüssigkeit

Minus:
Grade unter Null
Kälte

Du kannst dir selbst ein Flaschenthermometer bauen:

durchsichtiger Trinkhalm

Stopfen
mit Knete verschlossen

kleine Flasche
bis zum Rand gefüllt,
Wasser mit Tinte gefärbt

Stelle die Flasche in heißes Wasser. Was passiert?
Stelle die Flasche dann in kaltes Wasser.
Was beobachtest du jetzt?

Erforsche auch Luft beim Erwärmen und Abkühlen.

Du brauchst:
ein leeres Glas,
eine Flasche,
einen Luftballon

So wird's gemacht:
Stülpe einen Luftballon über einen Flaschenhals. Stell die Flasche in ein Gefäß mit warmem Wasser. Beobachte. Nimm die Flasche heraus und stell sie in ein Gefäß mit kaltem Wasser. Beobachte. Findest du eine Erklärung für deine Beobachtungen?

Warum ...

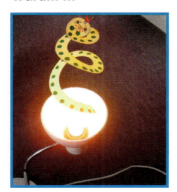

... tanzt die Schlange?

... verändert sich die Raumtemperatur unterhalb des Kühlschranks, wenn man die Tür öffnet?

... steigt der Rauch nach oben?

27

Wasser und Wetter

Wetterküche

Sonne, Luft und Wasser sind die Zutaten für unser Wetter. Temperaturen verändern sich, Wolken, Winde und Niederschläge entstehen. Schau dir dazu die Seite zum Wasserkreislauf an.

Warum verändern sich Temperaturen?

Dass es nachts kälter ist als tagsüber, liegt daran, dass nachts nicht die Sonne scheint, die die Erde erwärmt. Temperaturunterschiede gibt es aber auch am Tag, weil sich die Erdoberfläche nicht gleichmäßig erwärmt. Dunkle Flächen erwärmen sich schneller als helle Flächen. Das hast du bestimmt schon selbst erfahren.

Wie entsteht eigentlich Wind?

Du kannst Luft spüren, wenn sie sich bewegt. Wind ist strömende Luft.
Der Wind wird nach der Richtung benannt, aus der er kommt. Ein Westwind weht von Westen nach Osten.
Der Wind kann unterschiedlich stark wehen. Die Windgeschwindigkeit wird in Kilometer pro Stunde (km/h) gemessen und in verschiedene Windstärken eingeteilt.

Findest du eine Erklärung?

Windstärkenmessung nach Beaufort

Bezeichnung	Skala	Windgeschwindigkeit	Beobachtung
Windstille	0	weniger als 1 km/h	Rauch steigt gerade hoch, spiegelglattes Wasser
schwacher Wind	3	1–19 km/h	Blätter bewegen sich, einzelne kleine Schaumköpfe auf dem Wasser
frischer Wind	5	29–38 km/h	Bäume wiegen sich, überall Schaumköpfe auf Wellen
Sturm	9	75–88 km/h	Dachziegel werden losgerissen, hohe Wellenberge, fliegende Gischt
Orkan	12	118 km/h und mehr	Bäume werden entwurzelt, Verwüstungen

Am Meer herrscht fast immer Wind. Wasser wird von der Sonne nicht so schnell erwärmt wie Land. Das hast du sicher schon erfahren, wenn du zum Baden im Meer über den heißen Sand gelaufen bist. Wasser erwärmt sich nicht nur langsamer als Land, es kühlt auch langsamer ab.

Die wärmere Luft über dem Land steigt auf. Kühlere Luft strömt vom Meer nach. Daher weht der Wind tagsüber meistens vom Wasser zum Land. Es weht ein Seewind.

In der Nacht kühlt sich das Land schneller ab als das Meer. Jetzt steigt die wärmere Luft über dem Wasser auf. Kühlere Luft strömt vom Land her nach. Es weht ein Landwind.

Warum gibt es Wolken und Niederschläge?
Bei Sonnenschein verdunstet ein Teil des Wassers aus den Gewässern und aus dem Boden. Je höher der unsichtbare Wasserdampf steigt, desto mehr kühlt er ab. An Staubteilchen in der Luft entstehen winzige Wassertropfen, die Wolken bilden. Werden die Tropfen größer und schwerer, kommt es zu Niederschlägen, die je nach Temperatur als Regen, Hagel oder Schnee zur Erde fallen.

Warum gibt es Gewitter?
Im Sommer bilden sich an heißen Tagen oft große, dunkle Wolken. Ein Gewitter zieht auf. In der Gewitterwolke werden Luft, Wassertropfen und Eiskristalle verwirbelt. Dabei reiben sie sich aneinander und laden sich elektrisch auf. In einer Kettenreaktion entladen sich die Teilchen: es blitzt. Blitze können über 30 000 °C heiß werden. Die heiße Luft breitet sich explosionsartig aus und stößt mit der umgebenden Luft zusammen: es donnert. Du kannst es auch selbst blitzen lassen:

Gewitter sind gefährlich. Wo der Blitz einschlägt, kann es verheerende Schäden geben.

So verhältst du dich bei Gewitter:

Wenn du im Freien bist, mache dich klein! Suche eine Mulde!

Im Haus und Auto bist du geschützt!

Stell dich nicht unter einen Baum!

Weg vom Wasser!

Luft und Feuer

Was Luft alles kann

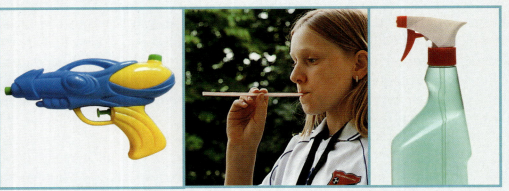

Das weißt du schon über Luft:

Luft nimmt Raum ein.

Luft wird zusammengepresst.

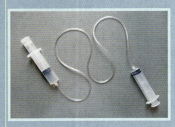

Was passiert, wenn du in das Rohr pustest?

Stell dir eine Pressluftrakete her.

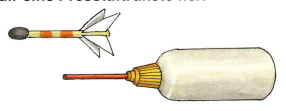

Zuerst muss die Luft aus der Pipette herausgedrückt werden, damit Platz für die eindringende Flüssigkeit geschaffen wird. Die Außenluft drückt auf die Oberfläche der Flüssigkeit im Glas und kann sie nun in den luftleeren Raum in der Pipette hineinpressen.

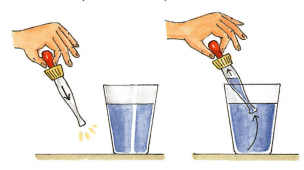

Was passiert, wenn du den Finger von dem Loch nimmst?

Kannst du loslassen?

Wenn du herausgefunden hast, was diese Situationen gemeinsam haben, kannst du auch diese Aufgabe lösen.

Bring mit Atemluft die Streichhölzer in die Schachtel.

Kennst du noch andere Erscheinungen in der Natur, die mit Luft zu tun haben?

31

Luft und Feuer

Luft zum Atmen

Luft umhüllt die gesamte Erde
Sie wird vom Erdboden aus nach oben immer dünner und kälter.

Woraus besteht Luft?
Luft ist ein Gasgemisch. Ihre Hauptanteile sind Stickstoff (etwa 78%) und Sauerstoff (etwa 21%). In ihr schweben auch flüssige Teilchen, die durch Kondensation entstanden sind.

Als **Luftverunreinigung** bezeichnet man die in der Luft befindlichen Schwebstoffe. Das sind winzig kleine, feste Staubteilchen, die man mit bloßem Auge nicht sehen kann. Sie entstehen bei der Zerkleinerung oder Verbrennung von Material. In kleinen Mengen stellen sie keine Gefahr dar, weil sie durch die Luftbewegung schnell verteilt werden. Gefährlich sind vor allem Schwefeloxide, die bei der Verbrennung von Öl oder Kohle freigesetzt werden. In Verbindung mit Sauerstoff und Wasser entsteht saurer Regen, der verantwortlich für Schäden an den Pflanzen ist.

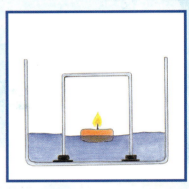

Führe den Versuch durch. Beobachte, was passiert.

Luftverschmutzung

Befestige einen Klebestreifen mit der Klebfläche nach oben über einem Glas. Beobachte.

Luft und Feuer

Feuer – faszinierend und gefährlich

Blitzeinschläge, Vulkanausbrüche oder Selbstentzündung faulender Stoffe entfachen Feuer in der Natur.

Die Menschen haben wohl durch Zufall entdeckt, wie nützlich das Feuer für sie ist:
- es spendet Licht und Wärme,
- es dient als Schutz vor wilden Tieren,
- es hilft bei der Zubereitung von Nahrung,
- es ermöglicht die Herstellung von Gefäßen und Waffen.

Am Anfang konnten die Menschen selbst noch kein Feuer machen. Sie mussten die Glut sorgsam hüten.

Mit der Zeit entdeckten sie unterschiedliche Möglichkeiten, ein Feuer selbst zu entzünden. Schau dir dazu die Seiten zur Steinzeit an.

Gewitter

Waldbrand

Vulkanausbruch

Die Faszination des Feuers zeigt sich auch heute noch darin, dass es bei verschiedenen Feierlichkeiten und Anlässen als Symbol oder zur Unterhaltung eingesetzt wird, z. B. als Sonnenwendfeuer, als Olympisches Feuer, beim Lagerfeuer, beim Feuerwerk, von Feuerspuckern auf Jahrmärkten, …

Der Umgang mit Feuer birgt immer auch Gefahren.

Feuerspucker

Feuerwerk

Sonnenwendfeuer

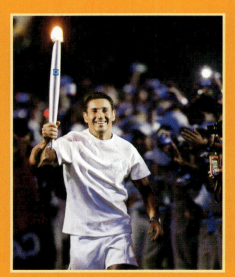
Olympische Spiele Athen 2004

Luft und Feuer

Feuer und Flamme

Feuer zu nutzen gehört zu den wichtigsten Entdeckungen der Menschheit. Im Jahr 1827 wurde das Streichholz erfunden. Damit konnte man nun sehr einfach ein Feuer entzünden. Der richtige Umgang mit dem Streichholz und mit Feuer aber will gelernt sein.

Deshalb:
1. Immer unter Aufsicht eines Erwachsenen arbeiten.
2. Feuerfeste Unterlage benutzen.
3. Wasser bereitstellen.
4. Lange Haare zusammenbinden.

Was brennt?
Überall um dich herum findest du eine Menge Dinge, die aus den unterschiedlichsten Materialien bestehen. Einige dieser Materialien brennen sehr schnell, andere fangen nur schwer Feuer oder brennen gar nicht. Mit dem folgenden Versuch kannst du ihre Brennbarkeit untersuchen.

Untersuche folgende Materialien:
Papier, Glas, Steine, Wolle, Holz, Pappe, Nagel, Blätter, Joghurtbecher, Metalldeckel, Gummi, Haare, …

So wird's gemacht:
1. Zünde das Teelicht an.
2. Wähle ein Material aus. Vermute: Wird es brennen? Brennt es schnell oder dauert es lange, bis es sich entzündet?
3. Halte es mit der Pinzette vorsichtig in die Flamme. Beobachte genau, was geschieht.
4. Tauche die untersuchte Probe in die Schale mit Wasser.
5. Leg sie dann in die Abfallschale.
6. Notiere deine Beobachtungen.

Überlege: Welche Materialien eignen sich zur Herstellung eines Kerzenständers?

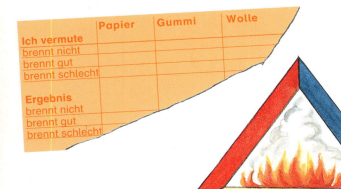

Warum brennt eine Kerze?
Zündet den Docht einer Kerze genau am oberen Ende an. Beobachtet aufmerksam, was passiert. Dabei könnt ihr Erstaunliches feststellen. Überlegt, wozu die Kerze einen Docht hat. Um das genau zu erforschen, führt ihr eine Versuchsreihe durch.

Welches Material könnt ihr noch als Docht einsetzen?

Was brennt nun eigentlich in der Kerzenflamme?
Das untersucht ihr am besten zu zweit.

So wird's gemacht:
1. Stellt die Kerze auf eine feuerfeste Unterlage und zündet sie an.
2. Lasst die Kerzenflamme einen Moment brennen.
3. Haltet ein Streichholz zum Anzünden bereit.
4. Einer von euch pustet rasch die Kerze aus.
5. Der andere entzündet schnell das Streichholz und hält es in den aufsteigenden Kerzenrauch. Was geschieht? Könnt ihr es erklären?

Mit einem kurzen Messingröhrchen und einer Holzwäscheklammer als Halter könnt ihr ein Tochterflämmchen entstehen lassen.

Warum leuchtet die Kerzenflamme?
Haltet einen kleinen Porzellanteller vorsichtig über die Kerzenflamme.
Was stellt ihr fest?
Die Kerzenflamme leuchtet, weil die Rußteilchen beim Verbrennen glühen.

Luft und Feuer

Feuer wird gelöscht

Verhalten bei Feueralarm
1. Das Rektorat gibt Alarm: 3 x kurze Klingelzeichen.
2. Fluchtplan beachten! Gebäude von oben nach unten räumen!
3. In den Klassenzimmern Fenster und Türen schließen!
4. Beleuchtung ausschalten!
5. Jacken und Schulsachen bleiben zurück! MENSCHENLEBEN geht vor Sachwert!
6. Vor dem Gebäude Platz lassen für Rettungsdienste!
7. Lehrer/Lehrerin kontrolliert Klasse auf Vollzähligkeit (Klassenbuch!).
8. Der Schulleiter/die Schulleiterin regelt das weitere Vorgehen.

Der Sicherheitsbeauftragte

Wo findest du diese Schilder in deiner Schule? Wo befinden sich Feuerlöscher?

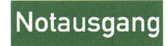

Feuer – Probealarm in der Schule!

Wie verhalten wir uns, wenn es brennt?

Warum sind diese Regeln wichtig?

Warum müssen bei Feuer eigentlich Fenster und Türen geschlossen werden?

Was vermutest du?

Wir überlegen uns ein Experiment, um unsere Vermutung zu überprüfen.

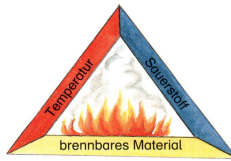

Ein Feuer kann nur brennen, wenn Luft (Sauerstoff), brennbares Material und eine hohe Temperatur (Entzündungstemperatur) zusammenkommen. Feuer erlischt, wenn eine der drei Voraussetzungen entfällt bzw. entfernt wird.

So wird Feuer gelöscht

Erkläre am Verbrennungsdreieck die Löschwirkung der verschiedenen Löschmittel.

Löschen mit Wasser
Wasser ist das wichtigste Löschmittel.

Löschen durch Abdecken
Vorsicht! Fettbrände nur durch Abdecken löschen, nie mit Wasser! Explosionsgefahr!

Tipps zur Vermeidung von Feuer:
Stoffe, die leicht brennen, nicht in die Nähe von heißen Gegenständen legen!
Brennende Kerzen niemals unbeobachtet lassen!

Löschen mit Essig und Backpulver
Du brauchst:
eine feuerfeste Unterlage, 1 Teelicht, 1 kleine Schale (höher als das Teelicht), Streichhölzer, 1 Päckchen Backpulver, Essig, einen 500-ml-Messbecher

So wird's gemacht:
1. Arbeite auf der feuerfesten Unterlage.
2. Stelle das Teelicht in die Glasschale.
3. Fülle das Backpulver in den Messbecher.
4. Gib Essig bis zur 50-ml-Markierung zu und beobachte.
5. Zünde das Teelicht an.
6. Neige den Messbecher schräg über das Teelicht, ohne Essig auszugießen. Beobachte, was passiert.

Das Gas, das bei diesem Versuch entsteht, nennt der Chemiker Kohlenstoffdioxid. In vielen Feuerlöschern ist dieses Gas enthalten. Erkläre am Verbrennungsdreieck die Löschwirkung von Kohlenstoffdioxid. Welche Eigenschaften muss dieses Gas haben, damit man es wie eine Flüssigkeit „ausgießen" und damit das Feuer löschen kann?

Luft und Feuer

Die Feuerwehr: Retten – Löschen – Bergen – Schützen

Großbrand in der Altstadt
Rund 100 Feuerwehrleute haben am Samstag eine Katastrophe verhindert

Weil ein zweijähriger Junge mit einem Feuerzeug gespielt hat, ist das historische Gebäude am Marktplatz bis hinauf zum Dachgeschoss ausgebrannt. Das Feuer hat einen Millionenschaden angerichtet.

Bei Wohnungsbränden entstehen giftige Gase, die schon nach kurzer Zeit zu einer tödlichen Rauchvergiftung führen. Die meisten Menschen kommen nicht durch die Flammen, sondern durch den giftigen Rauch ums Leben.

So alarmierst du die Feuerwehr: **112**

Nicht immer wird die Feuerwehr gerufen, um dem „Feuer zu wehren". Brände machen mittlerweile nur noch ein Viertel aller Alarme aus. Die Feuerwehr hat auch viele andere Aufgaben und rückt immer häufiger aus, um Menschen und Tieren in Notlagen zu helfen. Sie ist im Einsatz bei Unfällen, Wassereinbrüchen, Sturmschäden, Großveranstaltungen und im vorbeugenden Brandschutz.

Für die vielfältigen Aufgaben müssen die Feuerwehrleute gut ausgebildet sein und ihre Leistungsfähigkeit in Übungen für bestimmte Einsätze regelmäßig trainieren.

Ein Feuerwehrmann im Einsatz braucht eine sichere Ausrüstung. Für jede Aufgabe gibt es einen besonders geeigneten Schutzanzug.

Bei der Jugendfeuerwehr bereiten sich interessierte Jungen und Mädchen spielerisch auf den Löschdienst vor.

41

Wald

Spuren

43

Wald

Der Wald ist wichtig

Der Wald ist eine Lebensgemeinschaft von Pflanzen und Tieren. Sie sind stark von einander abhängig und brauchen sich gegenseitig. Jede Pflanze, jedes Tier und der Mensch spielen im Zusammenleben eine wichtige Rolle.

Der Wald bietet Tieren Nahrung
In der Dämmerung kommen Rehe und Wildschweine aus ihren Verstecken an den Waldrand. Eule, Marder, Fuchs und Dachs gehen in der Dunkelheit auf Beutefang. Vögel, Eichhörnchen, Wildschweine, Igel, Dachs und Waldmaus verspeisen Samen von Fichte und Tanne, Eiche, Ahorn und Buche sowie Beeren von Sträuchern. Käfer und Insektenlarven ernähren sich von Pilzen und Blättern.

Tiere vergraben Früchte als Vorrat, verlieren sie beim Transport oder scheiden die Samen mit dem Kot wieder aus. Auf diese Weise verbreiten sie Pflanzen.

Der Wald bietet Tieren Schutz
Unter der Erde, in Baumhöhlen, unter der Rinde, im Dickicht oder in der Baumkrone schlafen die Tiere und bauen ihre Nester. Sie finden dort Schutz vor Feinden.

Der Wald ist wichtig für eine gesunde Umwelt:
Der Mensch braucht den Wald für sein Wohlergehen.

Der Wald
- sorgt für ein gesundes Klima.
- schützt vor starkem Wind und Lärm.
- festigt mit seinen Wurzeln den Boden.
- liefert Sauerstoff.
- filtert schädliche Bestandteile aus der Luft.

Der Wald liefert Holz zum Bauen, als Brennstoff und als Rohstoff für die Papierherstellung.

Wald

Tiere und Pflanzen brauchen einander

In einem Laub- oder Mischwald fällt innerhalb weniger Jahre so viel Laub von den Bäumen, dass man einen erwachsenen Menschen aufrecht darunter begraben könnte.
Eine ungeheure Anzahl an Kleinlebewesen, z. B. Rollasseln, Ohrwürmer, Schnurfüßer, Weberknechte, Regenwürmer, Schnecken, ... sorgen dafür, dass die Bäume nicht in Blättern versinken. Sie ernähren sich von den Blättern, zerkleinern und zersetzen sie.

Die Laubstreu besteht aus drei Schichten:

Obenauf liegen die Blätter des vergangenen Jahres. An ihnen kann man Fraßspuren der Kleinlebewesen entdecken.

Darunter liegt eine teilweise verrottete Laubstreuschicht, die aus dem Jahr davor stammt. Darin überwintern Insektenlarven und -puppen, um sich vor Frost zu schützen.

Ganz unten ist die Laubstreu feinkrümelig und dunkelbraun. Die schon durch die Kleinlebewesen zerkleinerten Blätter wurden durch Bakterien und Pilze zu Humus zersetzt. Daraus können die Pflanzen nun wiederum Nährstoffe für ihr Wachstum ziehen.

Weberknecht
Größe: etwa 4 bis 8 mm, Beinlänge bis zu 4 cm
Nahrung: faulendes pflanzliches Material, Insekten, Spinnen, sogar Schnecken und Regenwürmer

Springschwanz
Größe: etwa 0,2 bis 4 mm
Nahrung: Pflanzenreste

Nicht alle Bewohner der Laubstreu sind reine Pflanzenfresser. Insekten, Schnecken und Würmer gehören ebenfalls zur Nahrung von Ohrwürmern, Weberknechten, Laufmilben, … Sie selbst wiederum werden von anderen Tieren gefressen. Dieses Fressen und Gefressenwerden nennt man Nahrungskette.

Schnurfüßer
Größe: etwa 3 bis 6 cm
Nahrung: Falllaub

Regenwurm
Größe: etwa 5-15 cm
Nahrung: abgestorbene Pflanzenwurzeln, faulendes pflanzliches Material, Falllaub

Rollassel
Größe: etwa 1 bis 1,5 cm
Nahrung: Falllaub, abgestorbene Pflanzenteile

Ohrwurm
Größe: etwa 1 bis 1,5 cm
Nahrung: Kleinsttiere und zarte Pflanzenteile

Wald

Die Fledermaus

Bei der Fledermaus handelt es sich trotz ihres Namens nicht um eine Maus, sie ist auch kein Vogel. Neben den Flughunden sind Fledermäuse die einzigen Säugetiere, die fliegen können. Ihre Flügel sind nicht wie die der Vögel gefiedert, sondern beim Flug wird eine dünne Haut zwischen den stark verlängerten Fingerknochen ausgespannt. Überall auf der Welt findet man Fledermäuse – außer in den Polarregionen. Weltweit gibt es mehr als 900 Arten, in Deutschland sind über 20 Arten zu Hause.

Die Nahrung, die die unterschiedlichen Arten zu sich nehmen, unterscheiden sich etwas. Die meisten aber fressen Insekten und Spinnen, so auch alle deutschen und europäischen Arten. Viele tropische Fledermäuse ernähren sich auch von Blütennektar, Pollen und reifen Früchten. Dadurch helfen sie wie die Bienen bei der Bestäubung und der Vermehrung der Pflanzen. Es gibt aber auch fleischfressende Arten, die Mäuse, Frösche und Fische jagen. In Südamerika leben auch drei Vampirarten, die sich vom Blut anderer Tiere ernähren.

Fledermäuse nutzen das System der Echoortung, um sich in absoluter Dunkelheit zurechtzufinden. Sie stoßen mit ihrem Maul oder ihrer Nase ganz laute, sehr kurze Töne aus, die so hoch sind, dass sie für das menschliche Gehör kaum wahrnehmbar sind. Treffen die Schallwellen dieser Töne zum Beispiel auf einen Baum oder ein Insekt, so entstehen verschiedene Echos. An der Art des Echos kann die Fledermaus erkennen, um was es sich handelt und entscheiden, wie sie weiterfliegen will. Einem Baum müsste sie ausweichen, aber ein Insekt will sie fressen. Damit sie die Echos besser hören, haben Fledermäuse meist sehr große Ohren. Manche Arten können sogar Insekten hören, die auf dem Boden laufen, ohne ihre Echoortung einzusetzen.

Erstelle einen Steckbrief zur Fledermaus oder zu deinem Lieblingstier.

Fledermäuse sind nachtaktive Tiere. Tagsüber schlafen sie kopfüber hängend in Baumhöhlen oder Kellern und werden erst nachts munter. Eine besondere Vorrichtung im Fußgelenk sorgt dafür, dass sie im Schlaf nicht herunterfallen können. Fledermäuse halten Winterschlaf.

Die weltweit größte Fledermaus ist die „Australische Gespenstfledermaus". Sie hat eine Spannweite (Entfernung zwischen den Spitzen der ausgebreiteten Flügel) von 60 cm und wiegt 200 g.
Die kleinste Fledermaus ist die „Schweinsnasenfledermaus". Ihr Körper ist nur 3 cm lang und ihr Gewicht beträgt 2 g.

Die meisten Fledermausarten bringen nur einmal im Jahr ein einzelnes Junges zur Welt. Die Tragzeit beträgt je nach Art 40 bis 70 Tage. Die Weibchen kommen in sogenannten Wochenstuben zusammen. Meist finden sich dort bis zu 50 Muttertiere, die ihren Nachwuchs im Frühjahr zur Welt bringen und gemeinsam aufziehen. Nach einem Jagdflug erkennt aber jede Mutter ihr eigenes Junges wieder und lässt es an ihren Zitzen die Muttermilch trinken. Im Spätsommer verlassen die Mütter ihre Jungen, die dann selbstständig in die Winterquartiere fliegen. Manche Arten können ein Alter von 20 bis 30 Jahren erreichen.

Wald

Ein Baum entsteht

Alle Bäume gehen ursprünglich aus Samen hervor, wachsen, bilden Früchte und verstreuen dann wiederum ihre Samen. Das Leben jedes großen Baumes, auch das einer 1000 Jahre alten Eiche, hat in einer kleinen Eichel seinen Anfang genommen.

1. Schon im Herbst hat der Baum Knospen entwickelt, aus denen er im Frühjahr neue Triebe, Blätter und Blüten bildet. Dicke Schuppen schützen die Knospe vor Frost, Insektenbefall und vor dem Austrocknen.
2. Mit der Frühlingssonne sprengen die herangereiften Triebe die Knospenschuppen.
3. Ab einem Alter von etwa 50 Jahren blüht die Eiche. Der Wind trägt die männlichen Pollen zu den weiblichen Blüten, die so bestäubt werden. Auf diese Weise entstehen Früchte – die Eicheln.
4. Im Herbst fallen die Eicheln zu Boden.
5. Im Frühling wiederum beginnt der Samen zu keimen. Es wird zunächst die Pfahlwurzel gebildet, die Wasser und Nährstoffe aufnimmt und dem Keimling Halt gibt.
6. Ab etwa Mitte Mai wächst die Keimpflanze ins Licht. Sie trägt eine größere Anzahl an Blättern und Knospen.
7. Das junge Bäumchen kann im ersten Jahr eine Höhe von 10–30 cm erreichen.
8. Es dauert viele Jahre, bis aus der kleinen Eichel ein großer Baum geworden ist.

Der Wald soll leben:
Grundschüler pflanzen Eichenbäumchen

Neustadt (eb.): Anlässlich des Tags des Baumes pflanzten Kinder einer 4. Klasse Eichenbäumchen im Neustädter Forst. Jedes der Kinder hatte im Klassenzimmer aus einem Samen ein Bäumchen gezogen. Unter fachkundiger Anleitung des Försters wurden die Bäumchen eingepflanzt. Der Forststellerleiter bedankte sich bei den Kindern und ihrer Lehrerin für den engagierten Beitrag zur Wiederaufforstung des stark geschädigten Waldstückes mit einem leckeren Frühstück.

Auch ihr könnt aus Eichensamen einen jungen Baum ziehen. Ihr könnt aber auch Ahornsamen oder Nüsse nehmen.

So geht ihr vor:

Du brauchst dazu:
eine Schüssel Wasser, ein Einmachglas, Watte, eine kleine Schaufel, Blumenerde, einen Blumentopf, 3 Eicheln

❶ Lege die Eicheln über Nacht in Wasser.

❷ Das Glas wird mit Watte ausgelegt. Lege die Eicheln auf die Watte und bedecke sie mit einem weiteren Wattestück.

❸ Stelle das Glas an einen warmen, hellen Ort. Halte die Watte stets feucht. Von Zeit zu Zeit solltest du nachschauen, wie sich die Pflanze entwickelt.

❹ Wenn der Keimling Blätter und Wurzeln hat, pflanze ihn in einen Topf mit Erde. Gieße regelmäßig.

Überlege, wann und wo du ihn auspflanzen willst.

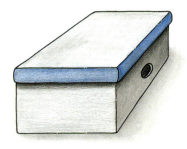

Bäume wachsen zum Licht.
Fällt euch dazu ein Versuch ein?

Schreibt den Versuch und eure Beobachtungen auf.

51

Wald

Pflege des Waldes

Der Wald gleicht einem Haus. In den verschiedenen Stockwerken konkurrieren Flechten, Algen, Moose, Pilze, Kräuter, Farne, Sträucher und Bäume um Licht, Wasser und Nährstoffe. Tiere – von den Kleinlebewesen bis zum Reh – nutzen die Etagen als Raum zum Wohnen und Fressen und als Schutz.

Stockwerke des Waldes

Kronenschicht
Die Kronenschicht besteht aus den Baumkronen der Laub- und Nadelbäume. Je dichter die Kronenschicht ist, umso weniger Licht gelangt in das darunter liegende Stockwerk.

Strauchschicht
In der Strauchschicht findet man neben mächtigen Stämmen junge Bäume und die Sträucher des Waldes.

Krautschicht
Im Erdgeschoss liegt die Krautschicht. Hier wachsen Gräser, Kräuter, Farne und die Blütenpflanzen.

Moosschicht
Ein Teppich aus Moosen, Pilzen und Flechten bildet die Moosschicht.

Bodenschicht (Wurzelschicht)
Die Bodenschicht besteht aus Wurzeln. Sie verankern das gesamte „Gebäude" im Erdboden.

Der Wald bittet dich
- Bleibe nur auf vorgeschriebenen Wegen.
- Mache keinen Lärm.
- Verletze keine Pflanzen und Pilze.
- Nimm deinen Müll wieder mit nach Hause.
- Mache niemals Feuer im Wald.
- Führe deinen Hund an der Leine.

Etwas weniger als die Hälfte der Landesfläche von Hessen ist mit Wald bedeckt. Vorherrschende Baumart ist die Buche mit mehr als einem Drittel aller Bäume. Die Fichte ist der am stärksten vertretene Nadelbaum.

Unser Wald ist heute kein unberührter Urwald mehr. Durch unterschiedlichste Nutzung während der letzten Jahrhunderte haben die Wälder sich verändert. Große Waldflächen wurden als Brenn- und Bauholz abgeholzt, ohne sie wieder aufzuforsten. Umweltschäden und starker Borkenkäferbefall ließen viele Bäume sterben.

Heute ist es sehr wichtig, den Wald zu schützen, denn er ist auch für den Menschen von hoher Bedeutung. Naturwaldzellen und eine naturnahe Waldbewirtschaftung sichern die Lebensgrundlagen für Tiere, Pflanzen und Menschen.

Naturwaldzellen werden vollständig sich selbst überlassen. Der Mensch greift nicht mehr ein. Diese Naturwaldzellen sind der ideale Lebensraum für Totholzlebensgemeinschaften. Allein von den Pilzen im Totholz ernähren sich über 160 Käferarten.

Naturnahe Waldbewirtschaftung
Die Waldflächen werden unter besonderen Gesichtspunkten bewirtschaftet: Bäume werden gefällt und das Holz wird verarbeitet. Zusätzlich schaffen gezielte forstliche Maßnahmen optimale Lebensbedingungen für besondere Tier- und Pflanzenarten sowie ganze Waldgesellschaften.

Heimat und Welt

Heimat und Welt

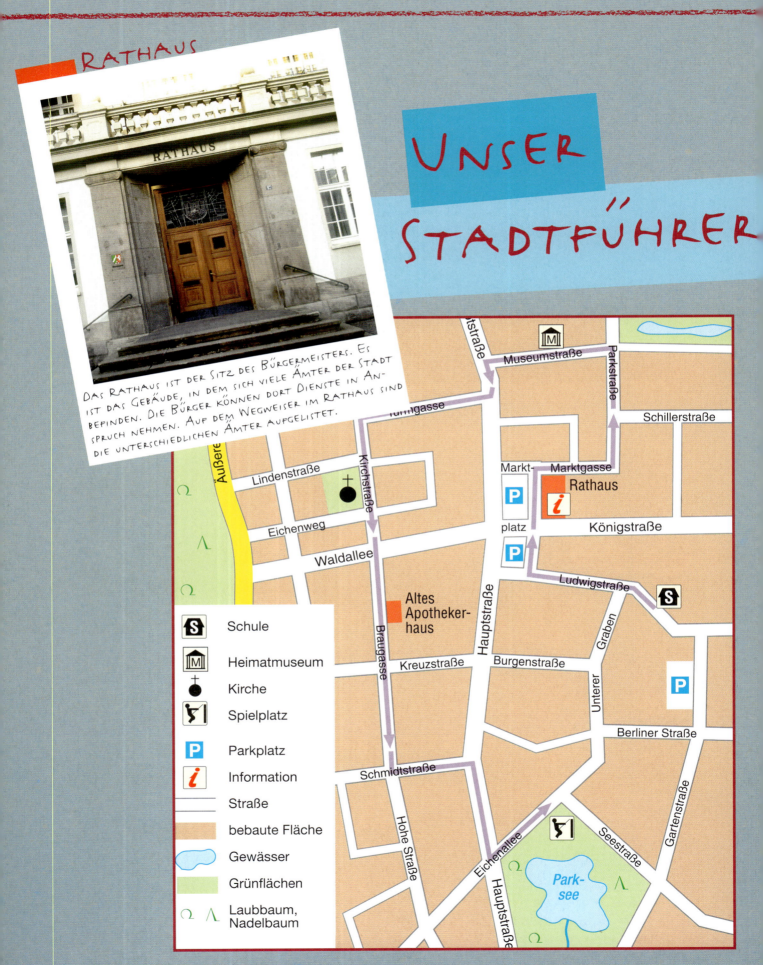

Unser Stadtführer

RATHAUS

Das Rathaus ist der Sitz des Bürgermeisters. Es ist das Gebäude, in dem sich viele Ämter der Stadt befinden. Die Bürger können dort Dienste in Anspruch nehmen. Auf dem Wegweiser im Rathaus sind die unterschiedlichen Ämter aufgelistet.

Heimatmuseum

Das ist ein besonders schönes Fachwerkhaus. Deshalb steht es unter Denkmalschutz.

Im Heimatmuseum könnt ihr sehen, wie die Menschen bei uns früher aussahen, welche Kleidung sie trugen, wie sie wohnten und welche Werkzeuge sie benutzten.

Kirche

Spielplatz

Das ist unser Abenteuerspielplatz. Hier dürfen wir uns selbst aus Holzlatten Buden bauen. Es ist immer ein Erwachsener dabei, der das Werkzeug ausgibt und uns hilft. Das macht viel Spaß. Wenn ihr Lust habt, gehen wir dort zusammen hin.

In dieser Kirche wird jeden Sonntag der Gottesdienst gefeiert. Auch unsere Schulgottesdienste halten wir dort ab. Manchmal dürfen wir dabei etwas vorführen.

57

Heimat und Welt

Landeshauptstadt Wiesbaden

Wiesbaden ist die Landeshauptstadt von Hessen. Hier leben fast 287 000 Menschen. Als Hauptstadt des Bundeslandes hat Wiesbaden eine wichtige politische Bedeutung. Hier kommen im Landtag Politiker zusammen und treffen Entscheidungen für das gesamte Bundesland.

Was würdest du deinem Freund in Wiesbaden zeigen? Informiere dich und stelle es deiner Klasse vor!

KOCHBRUNNEN

Wiesbaden hat 26 Thermalquellen. Die kochsalzhaltigen Quellen machten Wiesbaden berühmt. Viele Menschen kommen von weit her und wollen das Thermalwasser trinken oder darin schwimmen bzw. sich darin bewegen, um wieder gesund zu werden. Die Temperatur beträgt zwischen 46 und 66° C. (Dein Badewasser sollte aber nicht wärmer als 36°C sein.) Schon die Römer haben früher diese Thermen genutzt.

Etwa um 13 v. Chr. gründeten die Römer ein Militärlager in Mainz. In Friedenszeiten übten sie dort für den Kampf. Sie trainierten wie man marschiert, wie man kämpft und wie man ein Lager möglichst schnell aufbaut. Da sie aber das Wetter hier nicht gut vertrugen, wurden sie häufiger krank. Dann fuhren sie nach Wiesbaden, weil das Wasser der Thermalquellen ihnen half. Bei den Römern hieß Wiesbaden „Aquae Mattiacae". Aqua kommt aus dem Lateinischen und bedeutet Wasser. Mattiaker nannten sich die Menschen, die damals in der Gegend lebten.

Findest du noch mehr darüber heraus, wie die Römer gelebt haben?

Die Nerobergbahn

Diese Bahn nennt man Nerobergbahn. Sie wurde 1888 im Norden von Wiesbaden gebaut und ist eine **Wasserballastbahn**. Diese Wasserballastbahn fährt mithilfe der **Schwerkraft**. Sie hat zwei Wagen, die durch ein 452 m langes Stahlseil verbunden sind. Das Seil läuft über eine Seilscheibe. Der Wagen der nach unten fährt, zieht den anderen Wagen den Berg hinauf. Das kann aber nur funktionieren, wenn der Wagen, der nach unten fährt, schwerer ist.

NEROBERGBAHN

Doch was macht man, wenn nicht genügend Passagiere den Berg hinunterfahren möchten? Die Arbeiter gleichen dann das Gewicht mit **Wasserballast** aus. Sie füllen so viel Wasser in den Tank, dass der Wagen, der ins Tal fährt, schwerer ist. Über Funk werden die Abfahrten und die benötigte Wassermenge geklärt.

Die Bahn fährt vom Nerotal in Wiesbaden auf den Neroberg. Dabei legt sie eine Strecke von 438 m zurück. Die Bahn ist heute ein technisches **Kulturdenkmal**.

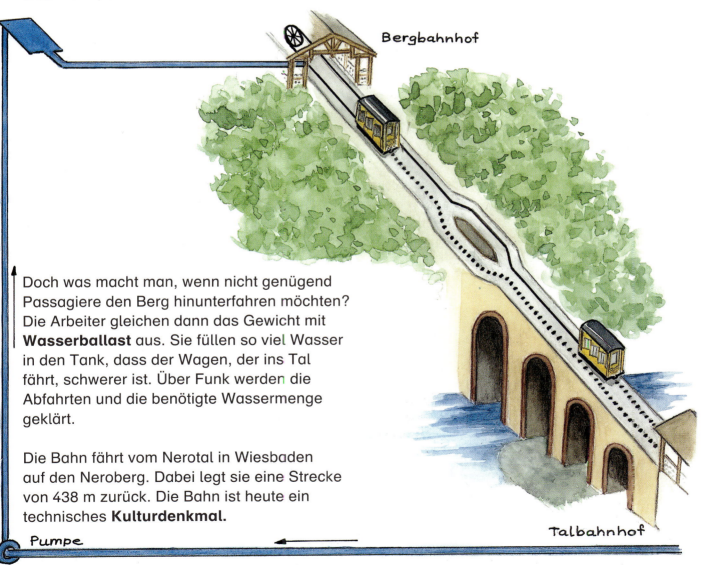

Die Bahn fährt nur in den Sommermonaten. Kannst du dir vorstellen warum?

59

Heimat und Welt

STADT FRANKFURT AM MAIN

Frankfurt am Main

Frankfurt am Main ist die größte Stadt Hessens. Sie hat über 600 000 Einwohner und ist damit die fünftgrößte Stadt Deutschlands.

Die Commerzbank-Arena
Das Frankfurter Stadion ist die Commerzbank-Arena, die für die Fußballweltmeisterschaft im Jahr 2006 gebaut wurde. Sie ersetzt das alte Waldstadion. In dem neuen Stadion kann das Dach – wie bei einem Cabrio – in wenigen Minuten auseinander- und zusammengefaltet werden. 50 000 Besucher haben in der Arena Platz.

Palmengarten
Der Palmengarten liegt zwar in Frankfurt, aber dort befinden sich Gewächse aus allen Teilen der Welt. Dort gibt es zum Beispiel Pflanzen, die eigentlich nur in Afrika wachsen. Man kann Landschaften mit Riesenstauden und Palmen sowie eine bunte, tropische Unterwasserwelt und vieles andere hier bestaunen und entdecken.

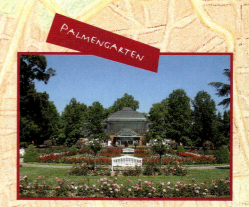

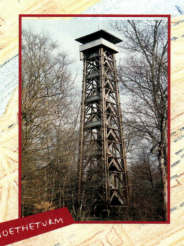

Goetheturm
Diesen Turm hat man nach Johann Wolfgang von Goethe benannt, der in Frankfurt geboren wurde. Goethe ist einer der bekanntesten deutschen Dichter. Der Turm wurde aus Holz erbaut. Er ist 43 Meter hoch und hat 196 Stufen. Von ganz oben sieht man die Skyline Frankfurts, d.h. den Teil der Stadt, in dem sehr viele Wolkenkratzer auf einer Fläche stehen, und das Rhein-Main-Gebiet. Der Goetheturm steht im Frankfurter Stadtwald. Dort gibt es auch einen großen Waldspielpark mit Irrgarten.

Senckenbergmuseum
Das Senckenbergmuseum ist das größte Naturkundemuseum in Deutschland. Berühmt ist dieses Museum unter anderem wegen der großen Dinosaurier-Ausstellung. Besucher werden mit der rekonstruierten Fährte eines Titanosaurus auf ihrem Weg durch die Ausstellung der Riesenechsen geleitet. Dabei kommt man auch an einem versteinerten Dinosaurier vorbei, bei dem sogar noch ein Abdruck seiner schuppigen Haut erhalten ist.

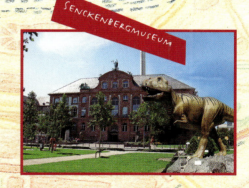

Flughafen
Der Frankfurter Flughafen, auch Rhein-Main-Flughafen genannt, ist der größte deutsche Flughafen. Jedes Jahr fliegen von Frankfurt aus 52,5 Millionen Passagiere in den Urlaub, auf Geschäftsreisen usw.
Am Frankfurter Flughafen arbeiten zurzeit ca. **68.000** Menschen. Diese vielen Leute haben natürlich viele verschiedene Berufe. Kannst du dir vorstellen, welche?

Heimat und Welt

Am Frankfurter Flughafen

Sicher habt ihr schon ein Flugzeug gesehen. Vielleicht seid ihr sogar schon selbst geflogen. Das Flugzeug wird von einem Flugkapitän gesteuert. Er transportiert auf seinen Flügen Passagiere, aber manchmal auch Transportgüter, wie zum Beispiel Maschinen, Werkzeuge, Tiere, …

Eine halbe Stunde vor dem Abflug geht die Mannschaft (man sagt auch, die Crew) an Bord. Im Cockpit testen der Flugkapitän und der Copilot die Sicherheitssysteme und geben die Flugdaten in den Bordcomputer ein. Das Cockpit muss immer von zwei Piloten besetzt sein. Falls einem der beiden etwas passiert, kann der andere das Flugzeug fliegen.

Bevor der Flugkapitän starten kann, muss er sich über seinen Streckenabschnitt und das Flugwetter informieren. Anschließend legt er den Flugplan fest.

Der Luftraum, so nennt man den Raum, in dem die Flugzeuge fliegen, ist in viele Luftverkehrsstraßen eingeteilt. Den Flugzeugen werden jeweils Luftstraßen zugewiesen. So werden Zusammenstöße verhindert.

Der Flugplan wird in einen Computer eingegeben, der die Treibstoffmenge berechnet. Danach kann das Flugzeug aus einem Tankwagen betankt werden. Währenddessen checken im Flughafen die Passagiere ein und geben ihre Koffer auf. Diese werden vom Bodenpersonal im Flugzeug verstaut.

Diese Passagiere werden dann vom Sicherheitspersonal überprüft, damit keiner gefährliche Gegenstände mit an Bord nimmt.

Die Passagiere kommen über die Gangway an Bord. Die Flugbegleiter weisen die Passagiere in die Sicherheitsmaßnahmen bei eventuellen Notfällen ein.

Sie betreuen während des Fluges die Passagiere, leisten gegebenenfalls Erste Hilfe und sind auch für die Sicherheit an Bord zuständig.

Das Flugzeug rollt nun zur Startbahn. Die Fluglotsen erteilen bei freier Startbahn vom Tower aus die Starterlaubnis und der Pilot kann losfliegen.

WEIẞT DU, WELCHE BERUFE ES NOCH AM FLUGHAFEN GIBT? WIE LERNT MAN DIESE BERUFE?

Heimat und Welt

Vom Modell ...

1. Gestaltet in Gruppenarbeit euren Ort. Bastelt euch dafür Häuser, Bäume, Straßen, Flüsse, ...

2. Fotografiert euer Modell von oben.

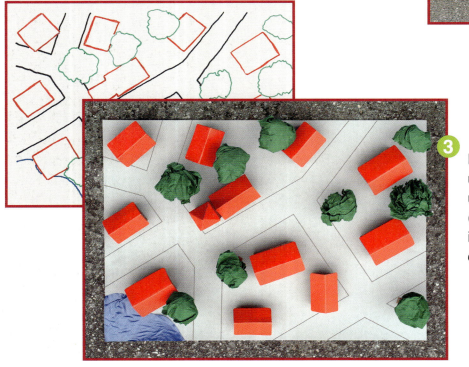

3. Legt ein Papier über das Foto und zeichnet alle Grundrisse und Straßenlinien nach. (Anstelle des Papiers könnt ihr auch eine Folie verwenden, dann ist es einfacher.)

... zur Karte

Um eine Karte lesen zu können, braucht man Hilfsmittel. Diese Hilfsmittel sind die Legende und der Maßstab.

Die Legende

Die Menschen, die Landkarten anfertigen, heißen Kartografen. Sie verwenden in ihren Karten anstelle von Beschriftungen auch häufig Symbole. So bleibt die Karte für den Benutzer übersichtlicher. Die Symbole unterscheiden sich z. B. nach Maßstab und Verwendungszeck. Damit jeder eine Karte lesen kann, werden die Symbole in einer Legende erklärt und dargestellt.

Der Maßstab

Schau dir die beiden Kartenausschnitte an. Sie zeigen beide die Stadt Wiesbaden. Die linke Karte zeigt dir nur die Innenstadt, dafür kannst du auf ihr mehr Details erkennen, zum Beispiel die Straßen und Gebäude. Auf der rechten Karte siehst du keine Einzelheiten von Wiesbaden. Dafür kannst du aber die Umgebung erkennen.
Die linke Karte wurde in einem größeren Maßstab gezeichnet als die rechte Karte. Der Kartograf benutzt den Maßstab, um dir zu sagen, wie groß eine Fläche in der Wirklichkeit ist.

Beispiel: Auf einer Karte steht ein Maßstab 1:1000. Das bedeutet, dass zwei Punkte, die auf der Karte 1 cm auseinander liegen, in der Wirklichkeit 1000 cm, also 10 m von einander entfernt sind.

KANNST DU DIR VORSTELLEN, WARUM EIN GLOBUS DIE ERDE NATURGETREUER DARSTELLT ALS EINE KARTE?

65

Heimat und Welt

Kassel

Kassel ist die einzige Großstadt in Nordhessen. Die Stadt ist wegen ihrer zahlreichen Sehenswürdigkeiten bekannt. Alle fünf Jahre findet hier eine große und wichtige Ausstellung für moderne Kunst – die **documenta** – statt. Zahlreiche Kunstwerke vergangener Ausstellungen findet man in Kassel wieder, wie zum Beispiel den Himmelsstürmer vor dem alten Hauptbahnhof.

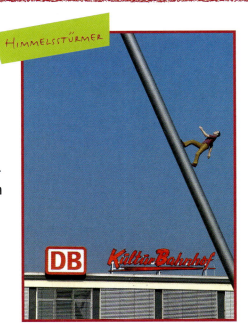

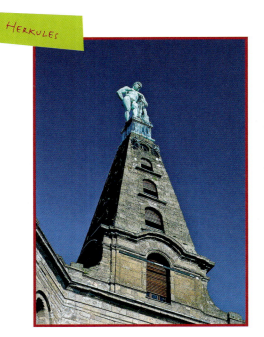

Das Wahrzeichen der Stadt ist der **Herkules**. Dabei handelt es sich um ein großes Bauwerk, das hoch über Kassel liegt und schon von Weitem zu sehen ist. Von dort oben kann man die ganze Stadt überblicken. Auf dem Gebäude steht eine Pyramide und darauf steht der acht Meter große Herkules, eine Figur aus der griechischen Sagenwelt. Der Herkules steht im Bergpark, in dem sich auch die Löwenburg und das Schloss Wilhelmshöhe befinden. Im Sommer finden im Park Wasserspiele statt. In einem etwa einstündigen Spaziergang kann man das Wasser auf seinem Weg durch den Park begleiten.

Bekannt ist Kassel auch durch die **Brüder Grimm**, die hier einen Teil ihres Lebens verbrachten und ihre Märchen aufschrieben. Hier lernten sie Dorothea Viehmann kennen, die ihnen viele Geschichten erzählte, die sie dann niederschrieben. In Gedenken an die beiden Brüder wurde in Kassel ein Museum eingerichtet.

Hier siehst du einen Ausschnitt aus dem Stadtplan von Kassel. Um sich auf einem solchen Plan besser zurechtzufinden, unterteilt man ihn in sogenannte Planquadrate. Die Documentahalle befindet sich zum Beispiel in Planquadrat C3.

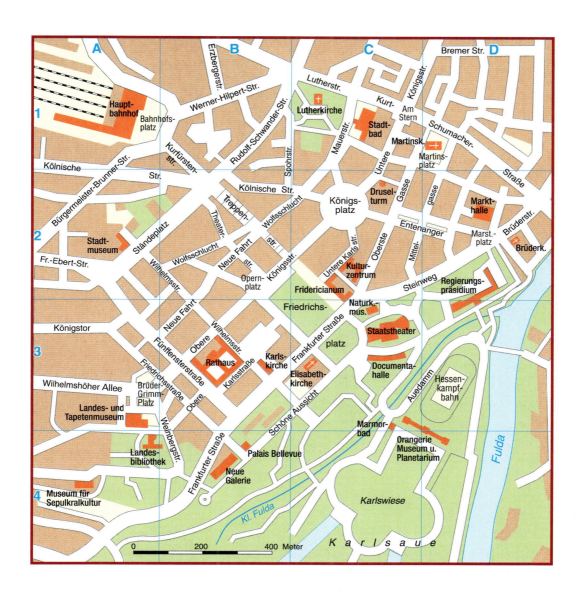

Stellt euch vor, eure Klasse bekommt Besuch von einer Partnerschule. Ihr wollt eurem Besuch Kassel zeigen. Wo würdet ihr eure Besucher hinführen? Wie lauft ihr am günstigsten?

Wie würdet ihr einen Rundgang durch euren Heimatort gestalten?

Heimat und Welt

Der Main

Der Main ist 524 km lang. Ein Teil des Flusslaufes verläuft durch Hessen. Er fließt von Osten nach Westen und mündet bei Mainz in den Rhein. Der Main hat zwei Quellflüsse: den 41 km langen „Weißen Main" und den „Roten Main", die südwestlich vom bayrischen Kulmbach zusammenfließen und den Main bilden. Die beiden Quellflüsse entspringen im bayerischen Fichtelgebirge und der Fränkischen Alb. Kannst du herausfinden, wie der Rote und der Weiße Main zu ihren Namen kommen?

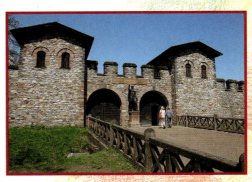

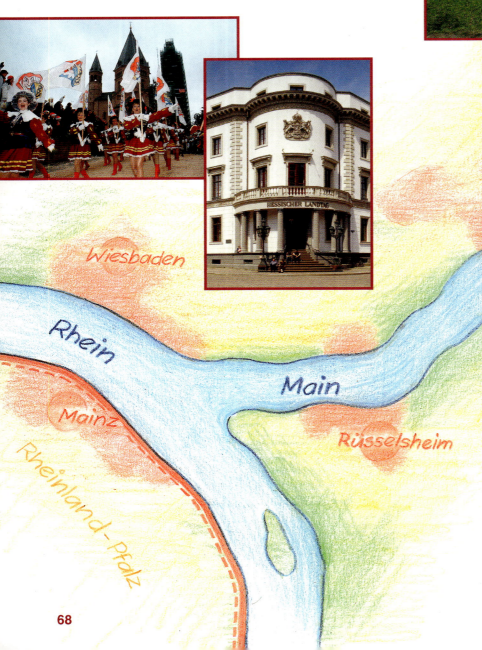

Wusstest du, dass Frankfurt auch „Mainhattan" genannt wird?
Die vielen Wolkenkratzer in Frankfurt erinnern an den Stadtteil „Manhattan" in der amerikanischen Metropole New York. Ebenso wie Frankfurt ist Manhattan ein bedeutendes Handels- und Finanzzentrum. Viele Banken und Bürogebäude findet man dort. Da Frankfurt am Main liegt, hat die Stadt den Spitznamen „Mainhattan" erhalten.

68

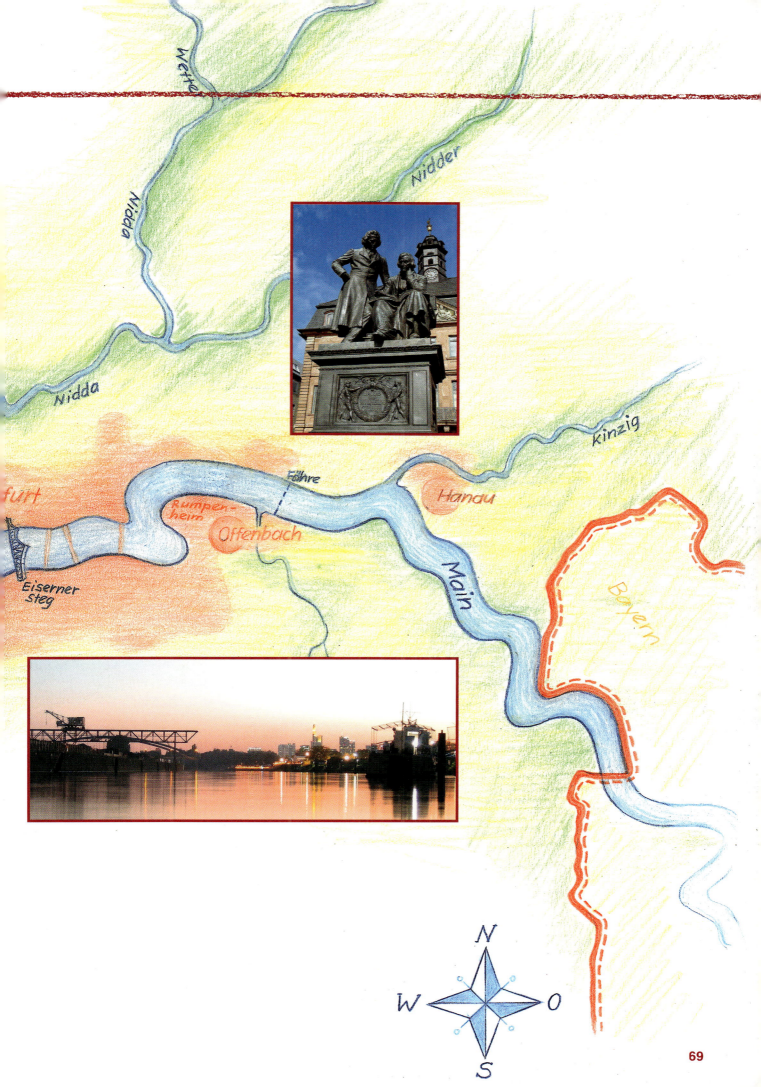

Heimat und Welt

Hessisches Bergland

Im Norden von Hessen liegen der Habichtswald, der Kaufunger Wald, der Kellerwald, der Knüll und der **Reinhardswald**.

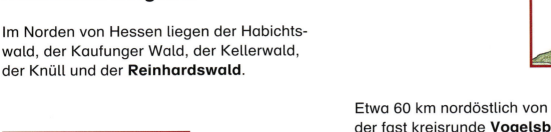

Einer Sage nach lebte einst ein Graf namens Reinhard in der Gegend, wo heute der Reinhardswald liegt. Ihm gehörte das ganze Land nördlich von Kassel. Der Graf war ein leidenschaftlicher Spieler und eines Tages setzte er sein gesamtes Land und verlor es an den Bischof von Paderborn. Der schlaue Graf bat um die Gnade, noch einmal säen und ernten zu dürfen, bevor er dem Bischof das Land überließe. Der Bischof willigte ein und Reinhard säte anstelle von Getreide Eicheln. Bis die ersten Bäume Früchte trugen, vergingen so viele Jahre, dass der Bischof schließlich auf das Land verzichtete. Der so entstandene Wald wurde schließlich nach dem Grafen Reinhard benannt. Heute ist er eines der größten Waldgebiete Hessens.

Etwa 60 km nordöstlich von Frankfurt liegt der fast kreisrunde **Vogelsberg**. Vor etwa 17 Millionen Jahren war er der größte aktive Vulkan Europas. Seine Lava ist zu Basaltgestein erstarrt. Daher besteht der Vogelsberg heute aus vielen übereinander geschichteten Basaltdecken, die Wasser nicht gut durchlassen. Da es am Vogelsberg oft regnet, fließt das Wasser in zahlreichen Flüssen wie der Ohm, der Schwalm oder der Wetter ins Tal. Seit 7 Millionen Jahren ist der Vulkan nicht mehr aktiv. Seine höchste Erhebung ist der Taufstein mit 773 Metern.

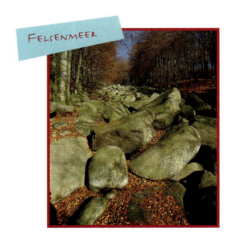

FELSENMEER

Das südlichste Gebirge in Hessen ist der **Odenwald**. Er ist ein beliebtes Erholungsgebiet. Zu seinen Erhebungen gehört der Felsberg, der als Felsenmeer bekannt ist. Im Laufe von vielen tausend Jahren sorgten Sonne, Regen, Eis und Schnee dafür, dass die riesigen Granitfelsen auseinanderbrachen und immer mehr zerkleinert wurden. Heute erstreckt sich daher ein Meer aus großen Gesteinsbrocken durch die Waldlandschaft.

Im Südwesten von Hessen liegt der **Taunus**. Seine höchste Erhebung ist der Große Feldberg mit 880 Metern. Er bildet mit anderen hohen Bergen eine von Südwesten nach Nordosten verlaufende Reihe, den Taunuskamm. Er schützt das am Südhang gelegene Rheingau bei Wiesbaden vor kalten Winden aus nördlichen Richtungen. Daher ist das Land dort das wärmste Gebiet in Hessen. Das milde Klima ist ideal für den Anbau von Obst und Wein.

WEINBERGE IM TAUNUS

GELFLIEGER IN DER RHÖN

Die **Rhön** besteht aus vielen Kuppen, Mooren, steilen Felshängen und nur sehr wenig Wald. Dort liegt auch der höchste Berg Hessens, die Wasserkuppe mit 950 Metern. Sie liegt im Osten von Hessen bei Fulda. In der Nähe der Wasserkuppe entspringt auch der Fluss Fulda. Im Sommer findet man hier viele Segelflieger und im Winter ist die Rhön ein beliebtes Skigebiet.

Heimat und Welt

Hessen

Hessen liegt fast in der Mitte von Deutschland und hat insgesamt 6 Millionen Einwohner.

In Hessen gibt es fünf große Gebirge: den Taunus, den Odenwald, das Knüll-Gebirge, die Rhön und den Vogelsberg. Der Vogelsberg ist das größte Vulkangebiet Deutschlands. In diesen Gebirgen befinden sich über 41 000 km Wanderwege.

Wiesbaden ist die Landeshauptstadt Hessens. Die größte Stadt des Landes ist Frankfurt am Main. Dort befindet sich auch der größte Flughafen Deutschlands.

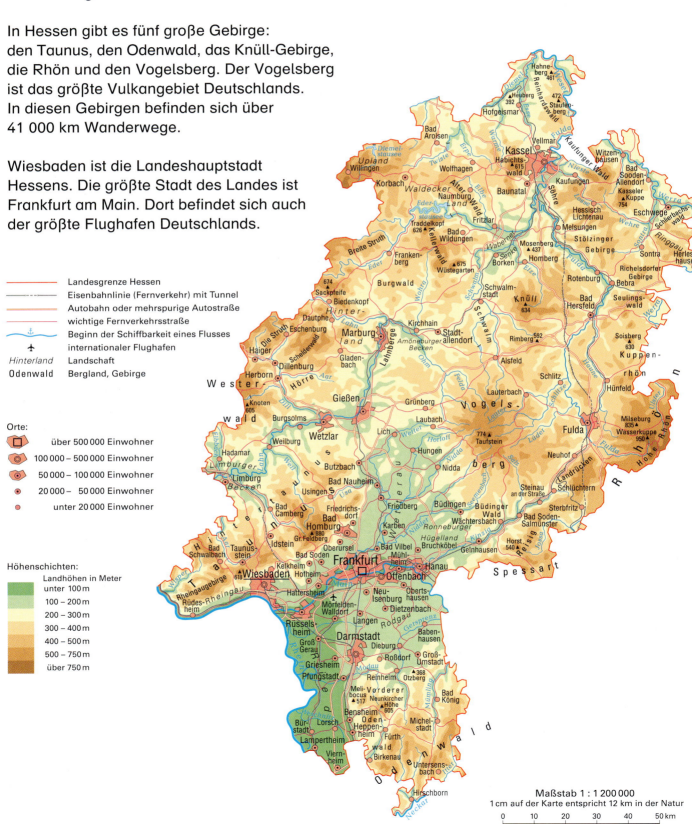

72

Deutschland

Heimat und Welt

Europa

75

Heimat und Welt

Welt

Wir in der Welt

Medien verbinden uns mit der Welt

Das Wort Medien bedeutet Vermittler.

Durch Medien erhalten wir Nachrichten und Informationen aus der ganzen Welt.

Wir in der Welt

So leben Kinder in aller Welt

Davi aus Brasilien gehört zum Stamm der Yanomami-Indianer. Seine Familie lebt mit den anderen Familien seines Dorfes zusammen in einem Gemeinschaftshaus im Regenwald am Amazonas. Davi schläft in einer Hängematte. Die Yanomami-Indianer bauen alles, was sie zum Leben benötigen, selbst an. Sie jagen Tiere mit Blasrohr und Pfeilen. Auch Fische fangen sie auf diese Weise. Meist gibt es zu den Mahlzeiten Süßkartoffeln und Maniokwurzeln. Wenn die Jäger erfolgreich waren, isst man auch Fische oder Kaimanfleisch.

Jim aus Kanada spricht Inuktituk, das ist die Sprache der Inuit. Er lebt in einer kleinen Stadt am Nordpolarmeer. Von Oktober bis Mai liegt hier Schnee und es wird auch tagsüber nicht richtig hell. Wie alle Häuser in der Stadt steht auch das Holzhaus, in dem Jims Familie wohnt, nicht direkt auf der Erde, sondern auf Holzbalken. Das ist notwendig, weil der Boden sogar im Sommer nur an der Oberfläche auftaut und der Untergrund deswegen nicht sehr stabil ist.
In der Schule lernt Jim Rechnen, Lesen und den Umgang mit dem Computer.
Im Winter geht Jims Vater auf die Jagd, dann gibt es oft Karibufleisch.

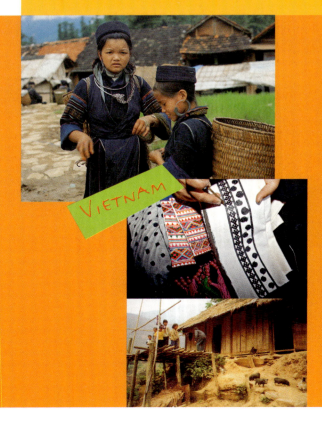

Oanh aus Vietnam lebt in einem kleinen Dorf. Sie schläft mit ihrer Mutter und ihrer Schwester in einem Bett. Ihre Brüder teilen sich das Bett mit ihrem Vater. Ihre Familie baut alles selbst an, was sie zum Leben braucht.
Vormittags geht Oanh drei Stunden in die Schule. Sie sammelt jeden Tag Holz und trägt es in einem Korb nach Hause.
Ihre Kleidung hat ihre Mutter selbst gemacht. Die Stoffmuster werden gebatikt. Alles, was weiß bleiben soll, wird mit Wachs bedeckt. Anschließend wird der Stoff gefärbt. Wenn man dann das Wachs wieder von dem Stoff löst, erhält man ein weißes Muster. Die Familie isst oft Reisnudeln mit Gemüse. Manchmal gibt es auch Hähnchen- oder Schweinefleisch dazu.

FRANKREICH

Thérèse lebt in einem Château, einem Schloss in Frankreich, das von Weinbergen umgeben ist. Diese Gegend, die Bordelais genannt wird, ist ein berühmtes Weinanbaugebiet. Die Weine werden oft nach dem Château benannt, in dessen Nähe sie wachsen. Auch die Familie von Thérèse baut Wein an. Thérèse geht ganztags in die Schule, nur mittwochs hat sie am Nachmittag frei. Sie isst gerne Crêpes.

TANSANIA

Manka aus Tansania gehört zum Stamm der Massai. Früher waren die Massai Nomaden, die mit ihren Viehherden auf Wanderschaft waren. Heute leben – wie auch Mankas Familie – viele Massai ständig in einem Hüttendorf. Die Häuser sind aus Holzbalken gebaut, werden mit Kuhmist isoliert und haben ein Strohdach. Die bunte Kleidung, die Manka trägt, heißt Rubeka. Bei den Massai ist es Tradition, dass Mädchen und Frauen sich die Köpfe rasieren. Sie tragen große Halsreifen, die aus Hunderten von Perlen bestehen. Zum Essen gibt es häufig Engurma, einen Maisbrei, dazu auch Fleisch und Bohnen.

Giorgos lebt auf der griechischen Insel Kreta in dem Dorf Margaritas in einem zweistöckigen Steinhaus. Hinter dem Haus wachsen Zitronen- und Mandarinenbäume. Giorgos isst gerne Mandarinen direkt vom Baum und Pastitsio, einen Nudelauflauf mit Hackfleisch.
So schreibt man Giorgos auf Griechisch: Γιώργσς

GRIECHENLAND

INDIEN

Rashmi aus Indien lebt mit ihrer Familie in einem kleinen Dorf. Sie wohnen in einem Lehmhaus mit Strohdach. In der Schule lernt sie Hindi, die wichtigste Sprache in Indien sowie Lesen, Schreiben und Rechnen. Ihre Schreibübungen macht sie auf einer Schiefertafel oder mit einem Stock im Sand. Zu Hause spricht Rashmis Familie Radschasthani.
Rashmi mag gerne Kichererbsen und Fladenbrot.

Wir in der Welt

Feste in aller Welt

In **Indien** sind die meisten Menschen Hindus. Weil sie mehrere Götter verehren, werden viele kleine und große Feste gefeiert. Das schönste Fest ist für viele Inder Divali, das indische Neujahrsfest. Übersetzt heißt das Lichterkette: An diesem Tag sind zu Ehren des Gottes Vishnu Straßen, Häuser, Bäume und Seen mit kleinen Öllämpchen geschmückt. Die Menschen schenken sich zu diesem Fest gegenseitig Süßigkeiten.

Laddus: Kokosbälle fürs Fest

Chanukkaleuchter (Die Kerze in der Mitte dient zum Anzünden der anderen Kerzen.)

Juden in aller Welt feiern im Dezember das Lichterfest Chanukka. Dieses Fest dauert acht Tage. Es wird in Erinnerung an die Einweihung und Reinigung des Jerusalemer Tempels nach der Vertreibung der syrischen Besatzer vor mehr als zweitausend Jahren gefeiert. So wie viele Christen an jedem Adventssonntag eine neue Kerze auf dem Adventskranz anzünden, zünden Juden auf dem achtarmigen Leuchter jeden Abend eine neue Kerze an. An Chanukka trifft sich die Familie abends zu einem besonderen Essen und die Kinder bekommen Chanukkageschenke.

Ein Fest, das im südlichen **Afrika**, in Sambia und in Swaziland gefeiert wird, ist Ncwala oder auch Incwala, das Erntefest. Hierbei werden dem Stammeshäuptling oder König die ersten Früchte der neuen Ernte gebracht. Höhepunkt von Incwala ist das Ritual, wenn der Häuptling oder König diese Früchte feierlich verspeist. Die einzelnen Stämme führen Kriegstänze in traditioneller Kleidung und Ausrüstung vor. Dieses Fest wird traditionell am letzten Neumond des Jahres abgehalten und dauert mehrere Tage.

In **Griechenland** leben vor allem orthodoxe Christen. Sie feiern Ostern mit der Familie als wichtigstes Fest im Jahr. Dabei gibt es gutes Essen, Musik und Tanz. Am 24. Dezember ziehen die griechischen Kinder mit Musikinstrumenten durch die Straßen und singen die Kalanda, das sind Segenswünsche. Von den Erwachsenen werden sie dafür mit Süßigkeiten belohnt.

Melomakarona: Griechisches Gewürzgebäck

WAS SOLL DAS BEDEUTEN

1. Was soll das be-deu-ten, es ta-get ja schon?
Ich weiß wohl, es geht erst um Mit-ter-nacht rum.
Schaut nur da-her, schaut nur da-her! Wie
glän-zen die Stern-lein je län-ger, je mehr.

In **Deutschland** freuen sich die Kinder auf Weihnachten. Viele Menschen gehen am Heiligabend in die Kirche. Der Weihnachtsbaum ist bunt geschmückt, Kerzen brennen und in vielen Familien werden Weihnachtslieder gesungen. Es gibt Geschenke und alle essen gemeinsam.

Tulumba Tatlisi: Spritzgebäck in Zuckersirup

In der **Türkei** freuen sich die Kinder auf Seker Bayram am Ende des Fastenmonats Ramadan. Während des Ramadan fasten die Erwachsenen tagsüber. Erst wenn es dunkel ist, dürfen sie essen und trinken. Seker Bayram, der Tag des Fastenbrechens, wird deshalb besonders gefeiert. Die Kinder haben schulfrei, stehen morgens früh auf, ziehen schöne Kleider an und gehen in die Moschee. Zu Hause gibt es dann ein Festessen, sie bekommen Geschenke und besuchen Verwandte und Freunde. Der islamische Kalender richtet sich nach dem Mond und hat deshalb nur 354 Tage. Ramadan ist also in jedem Jahr 11 Tage früher als im Vorjahr.

83

Wir in der Welt

Kinder haben Rechte

Nicht nur die Erwachsenen haben Rechte, auch **DU** hast welche.
Diese Rechte der Kinder wurden im Jahr 1989 in einer Konferenz festgelegt.
Fast alle Länder der Erde haben einen Vertrag über diese Rechte unterzeichnet.
Der Vertrag umfasst insgesamt 54 Kinderrechte.

2002 fand in New York ein Weltkindergipfel statt, an dem Regierungschefs aus über 70 Ländern und 400 Kinder aus der ganzen Welt teilgenommen haben, um Pläne zur Umsetzung der Kinderrechte zu vereinbaren. Zum ersten Mal durften Kinder an einer UN-Konferenz teilnehmen und mitreden.

> Alle Kinder haben das Recht, zur Schule zu gehen und etwas zu lernen.

> Jeder hat das Recht, seine Meinung frei zu äußern.

> Jedes behinderte Kind hat das Recht auf zusätzliche Unterstützung und Hilfe.

Jedes Kind hat das Recht mit seiner Mutter
oder seinem Vater zusammenzuleben.
Das gilt auch, wenn diese getrennt wohnen.

Jedes Kind hat das Recht auf
private Bereiche. Niemand darf gegen
deinen Willen dein Tagebuch lesen
oder deine Post öffnen.

Jeder hat das Recht, gleich behandelt zu werden.
Niemand darf wegen seines Geschlechts,
seines Aussehens, seiner Hautfarbe, seiner Sprache,
seiner Religion oder seiner Meinung benachteiligt
oder bevorzugt werden.

Jedes Kind hat das Recht auf
Schutz und Hilfe, wenn es schlecht behandelt wird.

Alle Kinder haben das Recht, nicht geschlagen
zu werden. Gewalt gegen Kinder ist verboten.
Kein Kind darf zu etwas gezwungen werden, was es
nicht will oder wovor es sich ekelt.

Alle haben das Recht, Beruf,
Arbeitsplatz und Ausbildungsstätte
frei zu wählen.

Wir in der Welt

Kinder arbeiten

Hashim schuftet beim Teppichknüpfen

Der zwölfjährige Hashim aus Kaschmir arbeitet in einem engen stickigen Raum mit vielen Menschen zusammen. Die meisten von ihnen sind Kinder, die jüngsten sind sechs Jahre alt. Sein Arbeitstag dauert 16 Stunden. Manchmal muss er auch noch nachts weben. Den Lohn für seine Arbeit bekommt Hashim nicht zu sehen. Sein Arbeitgeber hat ihm erklärt, dass er arbeiten muss, um seine Schulden zurückzuzahlen. Welche Schulden er meint, weiß Hashim nicht, es sei denn, er meint die Kosten für das dürftige Essen – meist Reis und Linsen – und den Schlafplatz, eine Matte auf dem Boden zwischen den Knüpfrahmen.

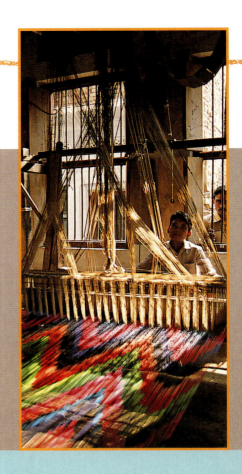

Jan verteilt Werbung

Der vierzehnjährige Jan aus Deutschland spart Geld für ein neues Fahrrad. Einmal in der Woche verteilt er Prospekte mit den Angeboten des örtlichen Supermarktes.

Blitzblanke Schuhe von Esmeralda

Nach der Schule fährt die zehnjährige Esmeralda mit dem Bus eine Stunde in das Zentrum von Boliviens größter Stadt La Paz. Ihr Bruder Enrique begleitet sie. In der Nähe der Kirche des Heiligen Franziscus hält sie Ausschau nach Kunden. Esmeralda ist Schuhputzerin. „Wenn alles gut läuft, putze ich etwa zwanzig Paar am Nachmittag", erklärt sie. Wenn Esmeralda abends gegen 18.00 Uhr nach Hause fährt, hat sie umgerechnet vier Euro verdient. Das reicht nicht einmal für das Abendbrot, denn sie hat neben Enrique noch zwei weitere Brüder zu versorgen. Die Mutter verdient als Verkäuferin auf dem Markt nur sehr wenig. Der Vater ist weggegangen und kümmert sich nicht um seine Kinder.

Kinder haben das Recht, zur Schule zu gehen und eine Ausbildung zu machen. Sie haben auch das Recht auf Spiel und Freizeit (lies dazu auch Seite 84 und 85). Sie dürfen und sollen aber auch zu Hause mithelfen.
In Deutschland dürfen Kinder, wenn sie vierzehn Jahre alt sind, bis zu drei Stunden täglich im Familienbetrieb mitarbeiten oder mit Erlaubnis der Eltern einen bezahlten „Job" annehmen. Die Voraussetzung dafür ist aber, dass die Schulausbildung nicht darunter leidet und dass die Arbeit leicht und für Kinder und Jugendliche geeignet sein muss.
Für 250 Millionen Kinder auf der Welt sieht das aber ganz anders aus. Sie müssen arbeiten, damit sie und ihre Familien genug zu essen haben und können deshalb oft keine Schule besuchen.

Arbeit im Steinbruch
Immer wieder verletzen Kinder sich bei der schweren Arbeit in Steinbrüchen. Der Staub schädigt ihre Lungen. Durch die gebückte Haltung und das Schleppen der Steine werden ihre Rücken krumm.

Der Schlafplatz eines Straßenkindes in Südamerika: die bloße Erde.

Arbeitsplatz Müllkippe: Diese Kinder in Nepal sammeln Altwaren und Essensreste.

In Indien arbeiten viele Kinder auf Teeplantagen.

87

Wir in der Welt

Kinder helfen Kindern lernen

Kinder aus der ersten Etage der Montessori-Grundschule in der Gilbachstraße haben die Patenschaft für ein Kind aus Vietnam übernommen.

Wie sind wir auf die Idee gekommen?
Wir kennen einige Leute, die eine Patenschaft für ein Kind aus einem anderen Land übernommen haben. Die Lebensbedingungen in vielen Ländern der Welt sind ganz anders als bei uns und viele Kinder und Erwachsene haben oft nichts zu essen und zu trinken. Deshalb wollen wir einem Kind aus so einem benachteiligten Land helfen und ihm eine Schulausbildung ermöglichen. Gleichzeitig können wir viel über fremde Länder lernen.

Wie haben wir das gemacht?
Um die Patenschaft zu finanzieren, verkaufen wir die Offline Version unseres Projektes Mittelalter.

Dann haben wir auch noch einen Brief an den Herrn Oberbürgermeister geschrieben. In dem Brief stand auch, dass wir bitten, die Schirmherrschaft für unser Projekt „Kids4Kids – Kinder helfen Kindern lernen" zu übernehmen.

Was haben wir alles gemacht?
Wir haben in Büchern und im Internet viele Länderinfos gesammelt. Wir haben auch an Schulen in anderen Ländern geschrieben, um genauere Informationen zu bekommen.

E-Mail an deutsche Schulen im Ausland

Liebe Schulleitung, liebe Kinder,

wir sind das 4. Schuljahr einer Montessori-Grundschule.
Wir machen ein Projekt über die Patenschaft anderer Kinder. Wir hätten gerne gewusst, wie es bei euch in den Grundschulen ist. Was für Fächer gibt es bei euch in den Schulen? Gibt es auch eine weiterführende Schule bei euch, zum Beispiel ein Gymnasium? Und was machen die Kinder nach der Schule? Außerdem möchten wir gern wissen, was ihr sonst noch alles lernt.
Wir haben auch eine Internet-Seite. Sie heißt www.kids4kids.monte-kids.de
Wenn ihr wollt, könnt ihr sie euch ja mal anschauen.

Viele Grüße,
eure Kinder aus der 4. Klasse

Seit Herbst 2003 haben wir eine Patenschaft übernommen.
Das ist Hiep, unser Patenkind aus Vietnam. Hiep ist 8 Jahre alt und spielt gerne Fußball.

Wir haben ihm einen Brief geschrieben und auch ein Mäppchen und einen Fußball geschickt.
Wir freuen uns sehr, dass er unser Patenkind ist!

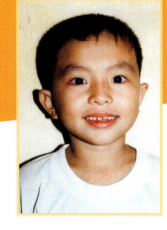

Was ist dabei für uns wichtig?

- Dass unser Patenkind zur Schule gehen und die Ausbildung zu Ende führen kann.
- Dass wir dabei Kindern aus anderen Ländern helfen können und auch ein bisschen Spaß haben.
- Dass wir bei diesem Projekt ganz viel über andere Länder und über das Leben dort gelernt haben.
- Dass wir jetzt wissen: Kindern in Deutschland geht es viel, viel besser als in vielen Ländern dieser Welt.

Dafür sind wir dankbar und hoffen, dass es bald allen Kindern in allen Ländern der Welt so gut geht wie uns.

Zusammenleben

Miteinander

An unserer Schule wollen wir …

… einander trösten.
… dankbar sein.
… Frieden.
… niemanden übersehen.
… Freude teilen.
… Neues entdecken.
… einander zuhören.
… einander achten.
… Rücksicht nehmen.
… einander nicht ärgern.
… zusammenhalten.
… die Wunder der Schöpfung achten.

In jeder Schule leben und arbeiten viele Menschen gemeinsam: Rektor, Lehrer, Schüler, Hausmeister, Reinigungskräfte, … Damit sich alle wohl fühlen und gut miteinander leben können, gibt es Regeln und Ordnungen, an die sich alle halten müssen.

Kindermutmachlied

La la la la la, la la la la la, la la la la la la la la la, la la la, la la la la la, la la la la la. 1. Wenn einer sagt: „Ich mag dich, du, ich find dich ehrlich gut", dann krieg ich eine Gänsehaut und auch ein bisschen Mut.

Text und Musik: Andreas Ebert

von vorn bis Schluss

Die Klassensprecherwahl

Wenn ihr einen Klassensprecher wählen wollt, braucht ihr:

- kleine Zettel
- Stifte
- eine Wahlurne (Schachtel mit Schlitz)
- Tafel
- Kreide
- Papierkorb

Die Wahl

Welches Kind ist für dieses Amt besonders gut geeignet? Schreibt die Namen der vorgeschlagenen Kinder an die Tafel. Jedes Kind gibt zwei Kandidaten seine Stimme. Die Namen seiner Wunschkandidaten schreibt jeder geheim auf einen Zettel. Faltet die Stimmzettel zusammen und steckt sie in eine Urne. Ein Kind liest die Namen auf den Zetteln vor. Ein anderes Kind notiert die vergebenen Stimmen an der Tafel. Das Mädchen oder der Junge mit den meisten Stimmen ist nun zum Klassensprecher gewählt. Stellvertretender Klassensprecher wird das Kind mit der zweithöchsten Stimmenzahl.

Zusammenleben

Konflikte

Auf dem Schulweg oder dem Schulgelände gibt es immer wieder Probleme. Unterschiedliche Meinungen führen zu Streit und Auseinandersetzungen.

- Anna hat heute Morgen gesagt, ich sei nicht mehr ihre Freundin.
- Lena hat mir gegen das Bein getreten. Das hat wehgetan.
- Tobias behauptet, ich sei ein Schwächling!
- Ein Junge aus Klasse 4 lässt mich nicht in Ruhe. Er rennt mir immer in der Pause nach.
- Ingo hat mir vor der Turnstunde die Turnschuhe versteckt.
- Alle behaupten: Nur wegen dir haben wir das Spiel verloren.
- Mike hat mir den Stift weggenommen und gibt ihn nicht zurück.
- Ich war es nicht. Du lügst!
- Nur weil ich mich nicht traue, vom Einer-Brett zu springen, rufen Timo und Alex Feigling.
- Zwei gegen einen ist gemein.
- Als ich mitspielen wollte, rief Max: Hau bloß ab!
- Nina erzählt überall, dass ich eine 5 in Mathematik habe.
- Leonni hat mir das Bein gestellt.

Zusammenleben

Ein neuer Schulhof – unser Anliegen an die Gemeinde

Die Schülerinnen und Schüler der Grundschule wollen ihren Pausenhof umgestalten. In der Klassenratsversammlung beraten die Klassensprecher, wie sie am besten vorgehen. Sie formulieren einen Antrag und sprechen bei der Schulleitung vor.

Die Rektorin begrüßt die Initiative und sagt ihre Unterstützung zu.

Diese Schritte werden vereinbart:

1. **Umfrage bei den Schülern**
2. **Malwettbewerb**
3. **Auswertung der Wünsche**
4. **Antrag an den Bürgermeister**

UMFRAGE

Unser Schulhof soll kinder- und umweltfreundlich werden.

Was gefällt dir?
Was gefällt dir nicht?

Verbesserungsvorschläge
Aufteilung:
Spielgeräte:
Was wünschst du dir besonders?

Frage deine Eltern, ob sie bei der Umgestaltung helfen.
Meine Eltern helfen
 ○ ja
 ○ nein

Kennst du jemand, der das Projekt unterstützt?

So soll mein Schulhof aussehen:
(Skizze anfertigen)

Klassenrat der Grundschule am Königsberg

An
Herrn Bürgermeister Schneider
und den Gemeinderat
der Gemeinde Königsberg

Schulhofumgestaltung

Sehr geehrter Herr Bürgermeister,

die Kinder unserer Schule wünschen sich einen kinder- und umweltfreundlichen Schulhof. Unser Schulhof ist sehr kahl. Es gibt kaum Bäume und Sträucher. Es fehlen Plätze zum Spielen und Ausruhen.
Anbei schicken wir eine Aufstellung unserer Wünsche und einen Plan, wie unser Pausenhof aussehen könnte.

Wir beantragen im Auftrage aller Kinder unserer Schule, die Maßnahme zu genehmigen und die Gelder dafür zur Verfügung zu stellen. Einige Eltern wollen beim Aufbau der Spielgeräte helfen.

Mit freundlichen Grüßen
die Sprecherin des Klassenrates
Laura Schmidt

In der nächsten Gemeinderatssitzung setzt der Bürgermeister den Antrag der Kinder der Grundschule auf die Tagesordnung. Die Ratsmitglieder besprechen das weitere Vorgehen. Der Gemeinderat beauftragt die Verwaltung, einen Plan und einen Kostenplan zu erstellen.

In einer weiteren öffentlichen Sitzung diskutieren die Mitglieder des Gemeinderates die Vorlage. Durch Abstimmung beschließen sie zunächst nur einen Teil des Schulhofes kinderfreundlich umzugestalten.

Nun schreibt die Gemeinde den Ausbau des Schulhofes in der Zeitung aus. Baufirmen bewerben sich um den Bauauftrag. In der nächsten Gemeinderatssitzung wird der Auftrag durch Mehrheitsbeschluss an die kostengünstigste Firma vergeben.

Gemeinsam mit den Eltern und Schülern kann nun der Schulhof verändert werden.

Nach einem Jahr ist der Schulhof umgestaltet. Die Baufirmen reichen ihre Rechnungen bei der Stadtverwaltung ein. Die Stadt bezahlt sie mit dem Geld, das die Bürger als Steuern an sie abgegeben haben.

Der Pausenhof wird von den Kindern vor- und nachmittags gern genutzt.

Spielen, Entdecken, Bauen

Spielzeug – Made in Germany

Knopf im Ohr

Margarete Steiff wurde 1847 in Giengen an der Brenz – das liegt bei Ulm – geboren. Mit 1 ½ Jahren erkrankte sie an Kinderlähmung und blieb ihr Leben lang auf den Rollstuhl angewiesen.

Sie erlernte den Beruf einer Schneiderin und gründete 1880 die „Margarete Steiff GmbH". Die Firma spezialisierte sich auf Plüschtiere. Im Jahre 1902 erfand Richard Steiff – ein Neffe Margaretes – den berühmten „Teddybären".

Ab 1904 wurden die Produkte zum Schutz vor Nachahmung mit einem „Knopf im Ohr" versehen.

Auch heute noch werden die Steifftiere überwiegend in Handarbeit in Giengen an der Brenz gefertigt.

Margarete Steiff   Richard Steiff

Spur H0

Im Jahre 1859 begann Theodor Friedrich Wilhelm Märklin in Göppingen mit der Fabrikation von Zubehör für Puppenküchen.
Die Söhne des Firmengründers präsentierten 1891 die erste Uhrwerkbahn mit Schienenanlagen in Form einer Acht.
1895 wurde die erste mit Dampf und Elektrizität betriebene Spielzeugeisenbahn eingeführt.

Nach dem Metallbaukasten 1914 wurde 1935 die erste elektrische Tischeisenbahn in H0, d. h. in einer Spurweite von 16,5 mm, präsentiert.

Bis heute ist diese Spurweite mit unzähligen maßstabgerechten Modellen die beliebteste Modelleisenbahn.

Zum Aufziehen

Die Schuco-Geschichte ist untrennbar mit dem Namen Heinrich Müller verbunden.
1912 gründete er zusammen mit dem Kaufmann Heinrich Schreyer die Spielzeugfirma „Schreyer & Co.". Auf einer kleinen Fläche begann man in Fürth mit der Produktion von Filz- und Plüschspielwaren.
1921 wurde der Firmenname „Schuco" eingeführt und man spezialisierte sich auf Automodelle. Mitte der Dreißiger Jahre wurde das Wendeauto erfunden und nach dem Zweiten Weltkrieg wurden die Bausätze für Modellautos in Nürnbergs größter Spielwarenfabrik hergestellt. Auch heute noch werden diese historischen Spielzeuge neben vielen aktuellen Modellen für Liebhaber produziert.

Heinrich Müller

Zum Aufessen

Artur Fischer gilt als einer der bedeutendsten Erfinder unserer Zeit.
Allein über tausend Einzelerfindungen sind auf seinen Namen angemeldet.
Die Erfindung des Spreizdübels im Jahre 1958 ist wohl die Bekannteste. Stammsitz der Fischerwerke, die Artur Fischer 1948 gründete, ist der kleine Ort Waldachtal im Schwarzwald.
Im Jahre 1964 erfand Artur Fischer einen Konstruktionsbaukasten: ein technisches Spielzeug, das Spielen und Lernen miteinander vereint.
Die neueste Entwicklung von Artur Fischer ist ein Bastelmaterial, das so aussieht wie in den Farbtopf gefallene Erdnussflips. Sie sind aus aufgeschäumtem Maismehl, also aus pflanzlicher Stärke, hergestellt und mit Lebensmittelfarbe bunt eingefärbt und damit sogar essbar.

Artur Fischer

Spielen, Entdecken, Bauen

Kaleidoskop – ein Spielzeug und sein Geheimnis

 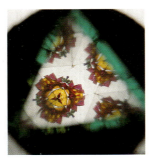

Dies ist ein Kaleidoskop. Das Wort kommt aus dem Griechischen und bedeutet so viel wie „schöne Bilder schauen".

Luis hat dieses Spielzeug gekauft. Preiswerter ist es, das Spielzeug selbst zu bauen – und mehr Spaß macht es auch!

Das Original besteht aus:

| Röhre, innen schwarz | Scheibe mit Sehloch | drei Spiegel in der Länge der Röhre | runder Behälter mit zwei Glasscheiben; Glasscheiben oben matt; Glasscheibe unten klar | bunte Glasformen |

 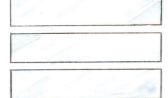 

Das Modell lässt sich nachbauen aus:

| Röhre aus Pappe, innen mit Farbe schwarz anmalen, oder aus braunem Kunststoff-Regenrohr zugeschnitten | aus Pappe Loch ausstanzen | Spiegelkarton | Behälter aus Wellpappe, Folie anstelle der Glasscheibe | Schmelzgranulat aus dem Bastelgeschäft |

 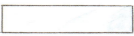 

So wird das Kaleidoskop gebaut:

| Drei Spiegel zusammenkleben. | Pappscheibe für das Rohr ausschneiden. | Guckloch in der Mitte ausstanzen. | Spiegeldreieck in das Rohr schieben. | Scheibe mit Guckloch unten an die Röhre kleben. |

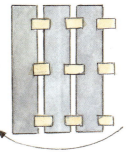    

Versuche mit Licht

Baue dir aus schwarzem Karton eine Röhre, die du über eine Stabtaschenlampe stülpen kannst.

Schalte im abgedunkelten Raum die Taschenlampe an und schüttele davor einen Lappen mit Kreidestaub aus.

Was beobachtest du?

Wie verändert sich die Ausbreitung des Lichts, wenn dein Partner ein Vergrößerungsglas (Leselupe) in den Lichtkegel hält?

Halte im hellen Raum einen Taschenspiegel schräg vor dein Gesicht. Welche Gegenstände siehst du, welche nicht?

Warum ist der „tote Winkel" im Straßenverkehr so gefährlich?

| Aus Wellpappe einen Ring formen. | Klare Folie auf die Röhre legen. | Ring mit Kleber bestreichen und in die Rolle drücken. | Ring mit Schmelzgranulat füllen. | Matte Folie über das Rohr legen. Folie fest spannen, mit Klebeband befestigen. | Reste abschneiden. Fertig! |

Spielen, Entdecken, Bauen

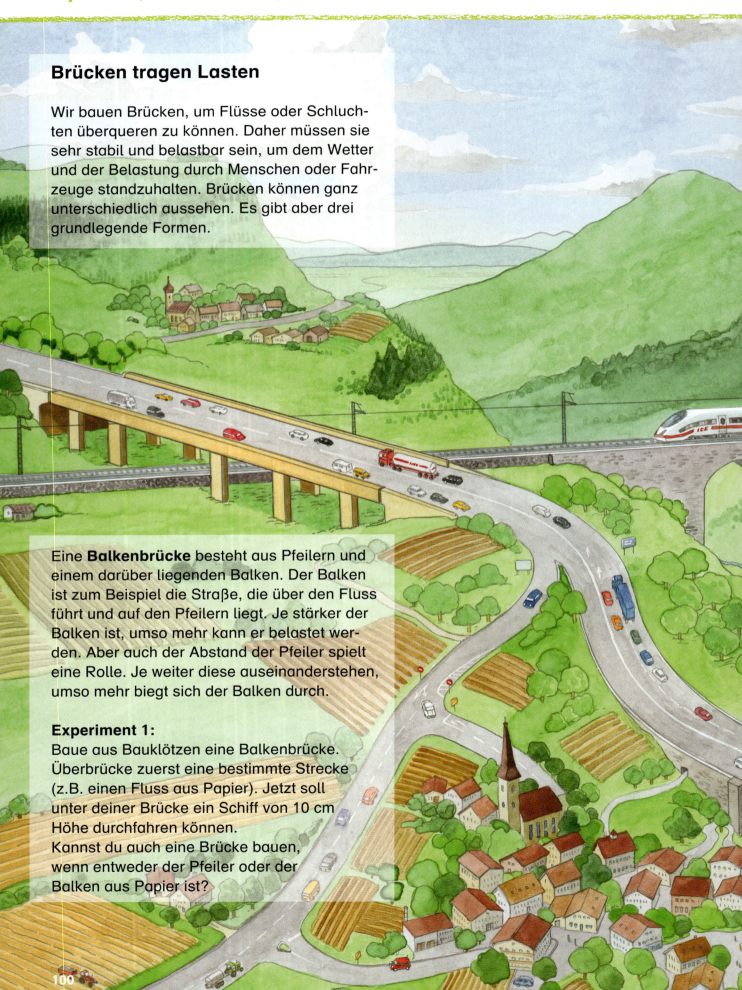

Brücken tragen Lasten

Wir bauen Brücken, um Flüsse oder Schluchten überqueren zu können. Daher müssen sie sehr stabil und belastbar sein, um dem Wetter und der Belastung durch Menschen oder Fahrzeuge standzuhalten. Brücken können ganz unterschiedlich aussehen. Es gibt aber drei grundlegende Formen.

Eine **Balkenbrücke** besteht aus Pfeilern und einem darüber liegenden Balken. Der Balken ist zum Beispiel die Straße, die über den Fluss führt und auf den Pfeilern liegt. Je stärker der Balken ist, umso mehr kann er belastet werden. Aber auch der Abstand der Pfeiler spielt eine Rolle. Je weiter diese auseinanderstehen, umso mehr biegt sich der Balken durch.

Experiment 1:
Baue aus Bauklötzen eine Balkenbrücke. Überbrücke zuerst eine bestimmte Strecke (z.B. einen Fluss aus Papier). Jetzt soll unter deiner Brücke ein Schiff von 10 cm Höhe durchfahren können.
Kannst du auch eine Brücke bauen, wenn entweder der Pfeiler oder der Balken aus Papier ist?

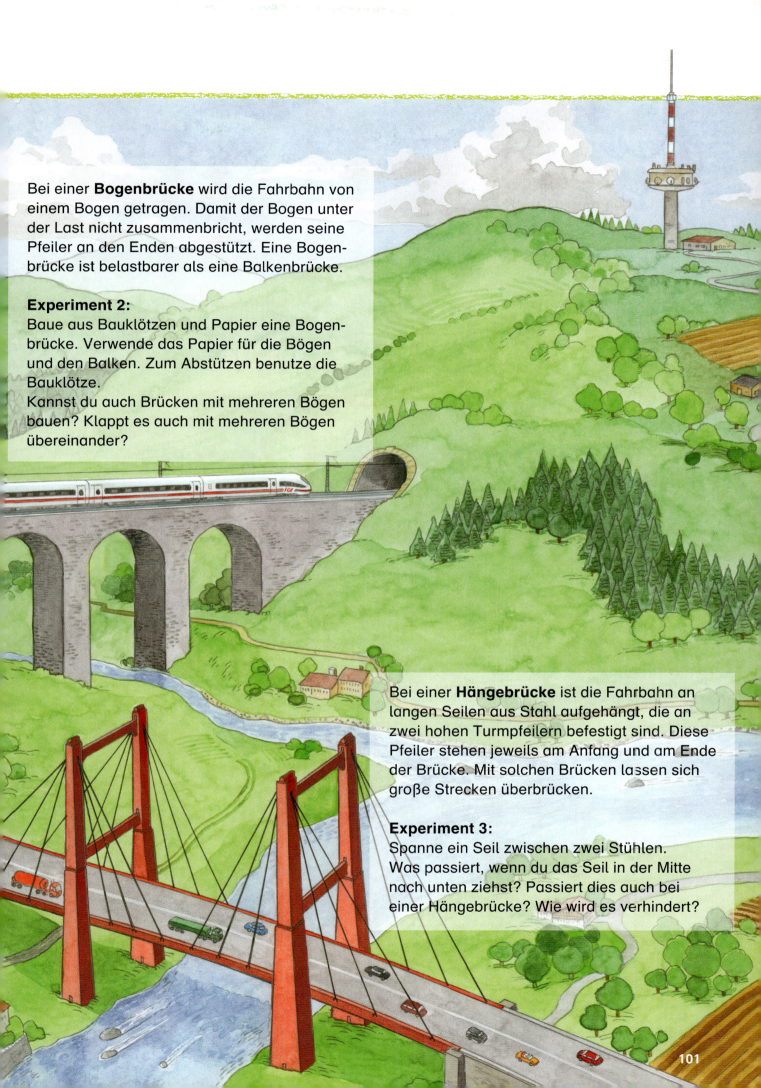

Bei einer **Bogenbrücke** wird die Fahrbahn von einem Bogen getragen. Damit der Bogen unter der Last nicht zusammenbricht, werden seine Pfeiler an den Enden abgestützt. Eine Bogenbrücke ist belastbarer als eine Balkenbrücke.

Experiment 2:
Baue aus Bauklötzen und Papier eine Bogenbrücke. Verwende das Papier für die Bögen und den Balken. Zum Abstützen benutze die Bauklötze.
Kannst du auch Brücken mit mehreren Bögen bauen? Klappt es auch mit mehreren Bögen übereinander?

Bei einer **Hängebrücke** ist die Fahrbahn an langen Seilen aus Stahl aufgehängt, die an zwei hohen Turmpfeilern befestigt sind. Diese Pfeiler stehen jeweils am Anfang und am Ende der Brücke. Mit solchen Brücken lassen sich große Strecken überbrücken.

Experiment 3:
Spanne ein Seil zwischen zwei Stühlen. Was passiert, wenn du das Seil in der Mitte nach unten ziehst? Passiert dies auch bei einer Hängebrücke? Wie wird es verhindert?

Spielen, Entdecken, Bauen

Fußball

Die Spieler haben weite **Trikots** und kurze Sporthosen an, damit sie sich gut bewegen können. Eine Mannschaft besteht aus 10 Feldspielern und einem Torwart. Der Torwart hat immer andere Kleidung an als die Spieler, damit man ihn besser erkennt.

Der **Schiedsrichter** ist derjenige, der darauf achtet, dass die **Spielregeln** eingehalten werden. Sein Trikot hat eine andere Farbe als die Spielertrikots, damit man ihn gut unterscheiden kann.

Zu seiner Ausstattung gehören eine **Trillerpfeife**, eine **rote** und **eine gelbe Karte** und ein Block mit Stift. Mit diesen Gegenständen und seinen Händen zeigt er den Spielern an, wenn sie gegen die Spielregeln verstoßen haben und welche Folge der Verstoß hat, zum Beispiel **Eckball, Elfmeter, Freistoß, …**

Der **Torwart** kann durch das Halten eines Balles seiner Mannschaft zum Sieg verhelfen. Durch seine Fehler können sie aber auch verlieren.

Im Fußballtraining lernt man das Schießen mit dem Ball, die Ballannahme, den Kopfball, den Volley und das Dribbeln.

Bei der **Ballannahme** lernt man, wie man einen Ball stoppt, sodass man ihn gut weiterspielen kann.
Bei einem **Volley** lernt man, wie ein Spieler den Ball direkt aus der Luft weiterspielt.

Seine Handschuhe haben eine Gummibeschichtung, damit der Ball nicht so leicht wegrutschen kann. Bei hohen Bällen fängt der Torwart am besten in der **Dreiecktechnik.** Dabei bildet er mit den Daumen und den Zeigefingern ein Dreieck. Schwierige oder harte Bälle wehrt der Torwart mit den Fäusten ab.

UNSER HOBBY IST FUßBALL SPIELEN. WAS MACHT IHR IN EURER FREIZEIT? FÜHRT EINE UMFRAGE DURCH!

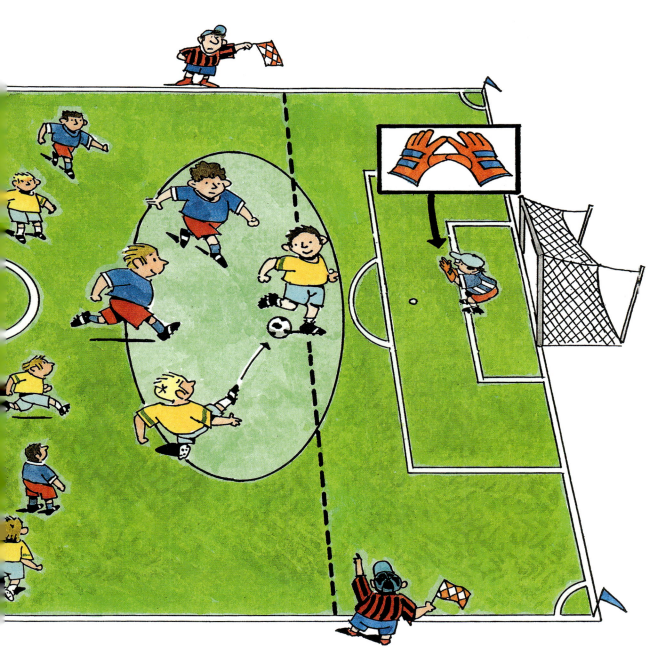

Beim **Dribbeln** muss man üben, den Ball zwischen den Füßen so hin und her zu spielen, dass man schnell reagieren kann, falls ein Gegenspieler kommt.

Bei einem **Kopfball** muss man üben, den Ball mit dem Kopf in die richtige Richtung weiterzuspielen.

103

Medien und Information

Computer

Ein Computer ist eigentlich nichts anderes als eine Rechenmaschine. Darum nennt man Computer auch Rechner. Vor mehr als 150 Jahren wurde das Wort Computer zum ersten Mal für eine Rechenmaschine verwendet. Ursprünglich stammt das Wort Computer aus dem Lateinischen: computare heißt rechnen. Jedes Bild, das du mit einem Zeichenprogramm malst, jeder Buchstabe, den du eintippst, sind für den Computer nur Rechnungen.

Computer findet man heute überall:
im Straßenverkehr,
in Autos,
in Kaufhauskassen,
in Zügen,
in Flugzeugen,
in Handys,
…

Was kannst du alles mit dem Computer machen?
Bilder malen,
Fotos betrachten und bearbeiten,
Musik hören,
Spiele spielen,
Texte und Briefe schreiben,
…

ICH SPIELE GERNE AM PC UND SCHAUE FILME AN.

WAS MACHST DU AM COMPUTER?

Mit dem Computer malen wie Miró

Joan Miró, Peinture – Malerei, 1953

Du kannst solche Bilder auch mit dem Computer malen. Dazu benötigst du das Zeichenprogramm Paint.

So wird's gemacht:
1. Schalte den Computer ein.
2. Führe den Mauszeiger auf START – auf PROGRAMME – auf ZUBEHÖR und klicke jeweils.
3. Führe den Mauszeiger auf PAINT – klicke mit der Maus auf den Namen. Jetzt öffnet sich das Zeichenprogramm.
4. Gehe auf die Zeichenfläche. Aus dem Mauszeiger wird nun ein Bleistift.
5. Halte die linke Maustaste gedrückt und bewege die Maus auf der Zeichenfläche. Schon hast du deinen ersten Strich gezeichnet.
6. Links siehst du die Werkzeuge, unten die Farben, die du benutzen kannst. Wenn du ein Werkzeug auswählst, wird aus deinem Bleistift z.B. eine Spraydose.

Du kannst in dem Programm auch radieren und wischen wie bei einem „echten" Bild. Übe ein wenig mit dem Programm. Wenn du dich sicher fühlst, versuche doch einmal, ein Bild wie Miró zu malen.

Informationen über den Künstler

Joan Miró wurde am 20. April 1893 in Barcelona geboren. Das liegt in Spanien. Er malte bereits als Kind sehr gerne und machte das Malen schließlich zu seinem Beruf. Er entwickelte seinen eigenen Zeichenstil. Man kann in seinen Bildern oft Elemente wie Sterne, Punkte, Linien, Monde und Figuren erkennen, die eine bunte Märchenwelt darstellen.

105

Medien und Information

Produktion von Papier

Von den Anfängen
Etwa 3000 Jahre vor Christi Geburt wurden in Ägypten aus der Papyrusstaude schon Blätter zum Beschriften gewonnen. Dieser Pflanze verdankt das Papier seinen Namen.
Papier, so wie wir es heute kennen, wurde etwa um 105 nach Christi Geburt in China erfunden.

Das Geheimnis der chinesischen Papiermacherkunst gelangte im 9. und 10. Jahrhundert über Arabien nach Europa.

In der zweiten Hälfte des 13. Jahrhunderts begann man in Italien mit der Papierherstellung.

Gegen Ende des 14. Jahrhunderts wird die erste Papiermühle in Nürnberg erwähnt. Ein gewaltiger Aufschwung der Papiererzeugung in Deutschland wurde durch Gutenbergs Erfindung des Buchdruckes eingeleitet.

PAPYRUS

Papierherstellung vor 200 Jahren
In dieser Zeit wurde Papier ausschließlich aus Hadern hergestellt. Hadern entstanden, wenn Lumpen zerstückelt, in Wasser aufgeweicht und zerstampft wurden.
Die Hadernstampfer wurden später durch Mahlgeräte, die sogenannten Holländer, verbessert.

Der Hadernbrei kam – mit viel Wasser vermischt – in eine große Bütte (das ist ein wannenartiges Gefäß). Der Papierschöpfer schöpfte die Masse mit einem Sieb aus der Bütte, der Gautscher (derjenige, der das nasse Papier presst) drückte den nassen Bogen auf einen Filz und stapelte die Bögen aufeinander. Anschließend wurden die Bögen zum Trocknen aufgehängt.

HADERNSTAMPFER

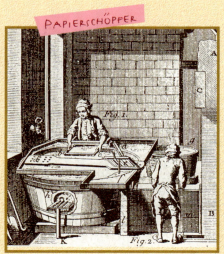
PAPIERSCHÖPFER

AUFHÄNGEN DER BÖGEN ZUM TROCKNEN

Papierherstellung gestern und heute
Heutige Papiermaschinen können in einer Minute bis zu 2000 m lange und 6–10 m breite Papierbahnen herstellen. Alle Arbeitsgänge werden dabei von der Maschine übernommen.

Als Rohstoffe verwendet man Zellstoff, der aus Holz gewonnen wird, und Altpapier. Der Faserbrei kann je nach Verwendungszweck mit Farben, Bleichmitteln oder Füllstoffen versetzt werden.

Am Ende wird das fertige Papier aufgerollt. Papier ist heute wie fast alle Gebrauchsgüter ein Massenprodukt. Maschinen ersetzen immer mehr den Menschen, Arbeitsplätze fallen weg und als Folge davon entsteht das Problem der Arbeitslosigkeit.

1920

HEUTE

Medien und Information

Von der Handschrift zum Buchdruck

Holzschnitt von Albrecht Dürer

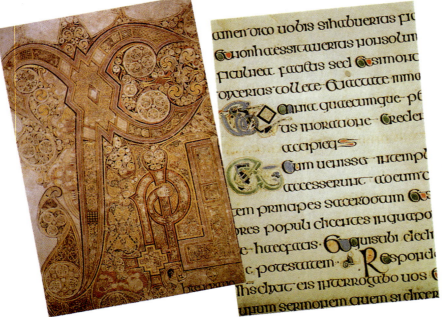

Kunstvoll verzierte Buchstaben aus einer Bibel aus dem 9. Jahrhundert

Heute können viele Menschen schreiben und lesen. Vor 1000 Jahren waren es noch fast ausschließlich Mönche, die die Kunst des Schreibens beherrschten. Für Adlige und wohlhabende Bürger übernahmen sie das Schreiben und Vorlesen. Sie schrieben Briefe, Erlasse und Gesetze.
Bibel, Gebetbücher und kirchliche Lehrbücher für sich selbst mussten die Mönche ebenfalls mit der Hand abschreiben.
Als die Klöster größer wurden, standen immer mehr Gelehrte zur Verfügung, die lesen und schreiben konnten. Daraufhin fingen die Mönche an, auch andere Bücher abzuschreiben, zum Beispiel Schriften der griechischen Philosophen.
Jahrhundertelang wurden Bücher in mühevoller Arbeit gefertigt: Die Schrift wurde verziert und manche Buchstaben wurden zu farbigen Bildern ausgestaltet. Die Bücher sahen immer prächtiger und kunstvoller aus. Jahrelang schrieben und malten die Mönche an einem Buch. In engen Räumen, in denen es im Winter eiskalt war, arbeiteten sie bei Kerzenlicht. Tinte und Farbe stellten sie selbst her. Sie schrieben auf Pergament.

Gegen Ende des 14. Jahrhunderts entstand die erste Papiermühle in Deutschland. Seit dieser Zeit wurde neben Pergament auch Papier verwendet. Man fing an, Bilder und Texte in Holz zu schneiden. Die Holztafeln bestrich man mit Farbe und druckte damit auf das Papier. Später schnitzte man Buchstaben aus Holz und konnte damit Texte zusammensetzen und drucken. Diese Buchstaben hießen Lettern.

Ein Holzschnitt entsteht:
- Die Buchstaben müssen seitenverkehrt angelegt werden, damit sie beim Druck richtig erscheinen.
- Beim Drucken werden nur die hervortretenden Holzteile – also die Buchstaben – abgebildet.

Johannes Gutenberg aus Mainz kam etwa im Jahre 1450 als Erster auf die Idee, Buchstaben aus Blei zu gießen. Auch stellte er neuartige Druckpressen her. Dadurch konnte man die mit Farbe eingeriebenen Seiten schneller drucken.

Über Jahrhunderte wurden Schriften Buchstabe für Buchstabe gesetzt.

Gutenberg-Bibel

Johannes Gutenberg

Eine Bleiletter wird gegossen:
- Gutenberg schnitt Musterlettern in Metall.
- Die Musterlettern schlug er in ein Kupferklötzchen ein.
- Damit erhielt er eine Gussform.
- Mit jedem Guss entsteht eine Bleiletter.

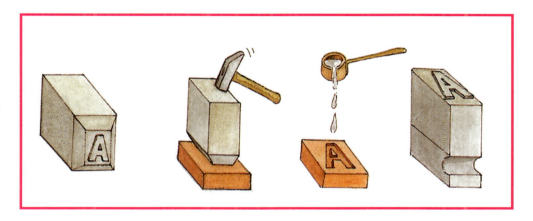

Mit der Zeit entwickelten sich Setz- und Druckmaschinen, die eine schnellere Vervielfältigung der Seiten möglich machten.
Um 1970 änderte sich der Beruf des Buchdruckers grundlegend. Der Fotosatz löste den Bleisatz ab. Heute werden Bücher am Computer hergestellt. Der Buchgestalter setzt Texte und Bilder so, wie es nachher im Buch aussehen soll. Die einzelnen Seiten werden direkt auf die Druckplatten übertragen. Computergesteuerte Druckmaschinen drucken 16 Seiten oder noch mehr in einem Arbeitsgang auf einen Bogen Papier. In der Buchbinderei werden die Bogen zum Buch weiterverarbeitet.

Gutenbergs Buchpresse

Druckmaschine heute

Medien und Information

Medien helfen uns weiter

Zeitungen und **Zeitschriften** erscheinen täglich, wöchentlich oder monatlich. Sie können informieren oder unterhalten, enthalten aber auf jeden Fall immer auch Werbung.

Briefe und **Postkarten** werden mit LKWs oder Zügen transportiert, in andere Länder auch häufig mit Flugzeugen oder Schiffen. In der Regel benötigt ein Brief mindestens einen Tag, bis er bei seinem Empfänger ankommt.

Telefone oder **Handys** vermitteln am schnellsten den Kontakt zu Personen an einem anderen Ort. Durch dieses Medium kann man sofort und direkt mit einem Anderen sprechen.

Faxgeräte übermitteln Texte und Bilder über das Telefonnetz an ein anderes Faxgerät. Der Absender legt Papier in das Faxgerät ein und beim Empfänger kommen die Informationen auf Papier wieder heraus.

Prospekte werden auch als Reklamemittel eingesetzt. Sie sind mit wenig Text und Fotos übersichtlich gestaltet und enthalten nur die wichtigsten Informationen. Prospekte werden verteilt, verschickt, man kann sie aber auch anfordern.

Computer haben die unterschiedlichsten Funktionen: Man kann damit Texte schreiben, Grafiken erstellen, Spiele spielen und alles zum späteren Gebrauch abspeichern. Per E-Mail kann man wie mit einem Brief oder einer Postkarte miteinander kommunizieren, nur viel schneller. Mit einem Computer kann man auch ins Internet gehen, ein elektronisches System, mit dem weltweit Informationen verbreitet und eingeholt werden.

Radio und **Fernsehen** informieren über Neuigkeiten aus aller Welt. Sie dienen aber auch der Unterhaltung und werden als Werbeträger genutzt.
Videofilme und **DVDs** kannst du zu verschiedenen Themen ansehen.

Bücher können unterhalten und informieren. Man kann Romane, Geschichten und Gedichte lesen oder sich in Lexika oder Sachbüchern zu bestimmten Themen informieren.

111

Medien und Information

Unsere Grundschulzeitung

Unser Ressort: »Berufe kennenlernen«
Redakteure der Schülerzeitung schauen den „Großen" über die Schulter

Unsere Redakteure waren bei unserer lokalen Zeitung zu Besuch und haben der Herstellung einer Zeitung zusehen können. Dort ist alles natürlich viel größer als bei uns.

Der Chefredakteur und seine Mitarbeiter besprechen die nächste Ausgabe.

In einer Konferenz entscheiden der Chefredakteur und seine Mitarbeiter über die Inhalte und die Verteilung der Artikel.

Ein Journalist im Gespräch mit einem Fußballspieler nach dem Spiel.

Journalisten und Korrespondenten schreiben Berichte über aktuelle Ereignisse in der Welt. Dafür gehen sie dahin, wo etwas passiert ist, und reden mit den Beteiligten. Das nennt man recherchieren. Die Berichte werden auf dem schnellsten Weg an die Redaktionen geschickt. In der Zeitungsredaktion werden die Berichte gelesen und ausgewählt, denn die Redakteure dort können nicht alle Artikel für eine Zeitung selbst schreiben.

Die Seiten werden aufgebaut.

Unsere Grundschulzeitung

Am Computer gestalten die Redakteure die Zeitungsseiten – oft unter Zeitdruck, denn die Menschen wollen jeden Tag wieder eine aktuelle Zeitung in ihrem Briefkasten finden.

Wenn die Seiten fertig sind, kontrollieren die Redakteure sie noch einmal. Dann werden die Daten an die Druckerei geschickt. Dort werden nachts innerhalb kurzer Zeit sehr viele Zeitungen gedruckt.

Die Zeitungen werden gedruckt.

Die Leser können ihre aktuelle Zeitung kaufen.

Die Zeitungen werden in den frühen Morgenstunden an Geschäfte und Abonnenten ausgeliefert. Abonnenten nennt man die Leute, die dafür bezahlen, dass sie die Zeitung jeden Morgen direkt nach Hause bekommen.

Information:
Journalisten berichten über Politik, Wirtschaft, Kultur, Lokales, Sport, Wissenschaft und Reisen. Diese Themen nennt man bei einer Zeitung »Ressorts«.

Für die nächste Ausgabe besuchen wir einen Bauernhof!

Technik verändert das Leben

Eine Erfindung bewegt die Welt

Nikolaus August Otto

Der Ingenieur Nikolaus August Otto gilt als der Erfinder des Viertaktmotors (Ottomotor). Seit 1861 beschäftigte er sich mit dem Plan, eine Gaskraftmaschine zu bauen, die die damaligen Dampfmaschinen ersetzen sollte. Zusammen mit dem Ingenieur Eugen Langen gründete er eine Gasmotorfabrik in Deutz (heute ein Stadtteil von Köln). 1867 wurde der erste wirtschaftlich arbeitende Gasmotor auf der Pariser Weltausstellung prämiert.

Nikolaus Otto

Karl Benz

Im Jahre 1871 gründete der Ingenieur Karl Benz eine Gasmotorfabrik in Mannheim, in der er die Erfindungen von Nikolaus August Otto weiterentwickelte.
Dort baute er den ersten Kraftwagen, der 1886 durch die Straßen von Mannheim fuhr. Die erste Fernfahrt über eine Entfernung von 100 km unternahm 1888 seine Frau Bertha mit den beiden Söhnen von Mannheim nach Pforzheim bei einer Reisegeschwindigkeit von 18 km/h.

Karl Benz mit einer Weiterentwicklung des 1. Motorwagens, 1887

Karl Benz

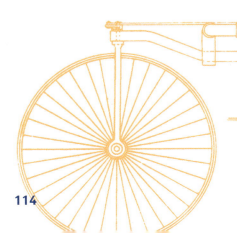

Gottlieb Daimler

Der Ingenieur Gottlieb Daimler gilt neben Karl Benz als der Schöpfer des neuzeitlichen Kraftwagens.
Im Jahre 1872 trat er als Technischer Direktor in der kurz vorher von Otto und Langen gegründeten Gasmotorenfabrik in Deutz ein.
1882 machte er sich selbstständig und richtete in Cannstatt (heute ein Stadtteil von Stuttgart) eine Werkstatt ein. Zusammen mit dem Ingenieur Wilhelm Maybach entwickelte er einen leichten, schnell laufenden Verbrennungsmotor, der 1883 patentiert wurde.
Im Jahre 1890 gründete er die Daimler-Motoren-Gesellschaft in Cannstatt.

Daimler-Motorkutsche; im Fond G. Daimler, am Steuer sein Sohn Adolf

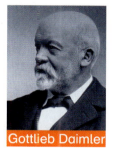

Gottlieb Daimler

Rudolf Diesel

Seit dem Jahr 1878 beschäftigte sich der Ingenieur Rudolf Diesel mit dem Plan, einen Verbrennungsmotor zu bauen, der den Treibstoff besser ausnutzen und dadurch eine stärkere Wirkung als die damals bekannten Verbrennungsmotoren haben sollte.
Nach seinen Plänen wurde in der Maschinenfabrik Augsburg – Nürnberg 1897 der erste Dieselmotor fertig gestellt, der insbesondere in Lastkraftwagen und Schiffen Anwendung fand.

Großer Schiffsdieselmotor, 1948

Rudolf Diesel

Daimler Lastwagen mit Dieselmotor, Baujahr 1905

Technik verändert das Leben

Reisen – früher, heute – und morgen?

Reisen vor 2000 Jahren

Die Römer beherrschten ein großes Reich. Es erstreckte sich von Nordafrika bis an den Rhein. Römische Verwaltungsangestellte, Soldaten und Händler mussten in die einzelnen Provinzen des Reiches reisen. Eisenbahnen, Autos und Flugzeuge gab es damals noch nicht.

Die Römer bauten befestigte Straßen, die die einzelnen Teile des großen Reiches verbanden. An den Römerstraßen gab es auch Raststätten. Dort wurden die Pferde gewechselt. Die Reisenden konnten essen, trinken und übernachten.

Die Römer reisten …

… zu Fuß

… in Sänften

… zu Pferd

… auf Schiffen

Reisen vor 500 Jahren

Reisen waren im Mittelalter anstrengend und gefährlich. Die Straßen waren nicht gepflastert und man kam mit einem Wagen nur langsam voran. Oft wurden Reisende und Händler von Räuberbanden oder Raubrittern überfallen. Daher begaben sich nur wenige Menschen auf längere Reisen. Die meisten Menschen verließen ihren Heimatort ihr ganzes Leben lang nicht.

Im Mittelalter reisten die Menschen …

… zu Pferd … auf Schiffen

Bequemer und schneller kam man mit Schiffen voran. Die Flüsse und Meere wurden zu wichtigen Handelsstraßen. An ihren Ufern entstanden große Städte.

… in Pferdewagen

… zu Fuß

116

Reisen vor 100 Jahren

Durch verbesserte Straßen und modernere Fahrzeuge konnten die Menschen schneller und bequemer reisen. Die Post unterhielt einen Liniendienst mit Kutschen. Jeder konnte gegen Bezahlung die Postkutschen benutzen. An den Reisestrecken lagen Pferdewechselstationen und Gasthöfe. In vielen Orten erinnern heute noch Namen von Straßen und Gasthäusern an diese Stationen.

1765 entwarf der Engländer James Watt die erste Dampfmaschine. Damit begann das technische Zeitalter.
1835 fuhr die erste Eisenbahn von Nürnberg nach Fürth. Die Lokomotive hieß „Der Adler".

Reisen heute

In den letzten hundert Jahren schritt die technische Entwicklung schnell voran. Neue Verkehrsmittel wie Autos und Flugzeuge wurden erfunden. Seither können die Menschen in kurzer Zeit weltweite Ziele erreichen.

Heute reisen wir ...

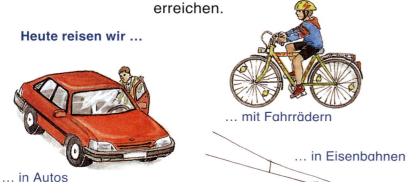

… in Autos

… mit Fahrrädern

… in Eisenbahnen

… in Flugzeugen

… mit Schiffen

117

Technik verändert das Leben

Mensch und Maschine

Der Komponist Jacques Offenbach, der im Jahre 1819 in Köln geboren wurde, komponierte die Oper „Hoffmanns Erzählungen". Darin kommt die Person der wunderschönen Olimpia vor, die wie ein Mensch aussieht und singen und tanzen kann.
Sie ist aber eine Maschine und ihr Erbauer Coppelius muss sie immer wieder aufziehen.

Die Idee dazu übernahm Jacques Offenbach von dem Dichter E. T. A. Hoffmann, der von 1776 bis 1822 lebte und viele fantastische Erzählungen schrieb.
Jacques Offenbach starb 1880 und konnte die Uraufführung seiner einzigen Oper im Jahre 1881 in Paris nicht mehr erleben.

In der Oper stellt eine Sängerin diese Maschine dar.
Viele Tüftler und Erfinder haben Maschinen konstruiert, die wirklich Musik erzeugen.

Jacques Offenbach   E. T. A. Hoffmann

Ein Musikautomat
Der Musikautomat, man nennt ihn auch Orchestrion, spielt wie von Geisterhand betrieben.
Auf den Bildern kann man erkennen, wie er funktioniert.

SEID IHR AUCH ERFINDER?

Nach demselben Prinzip, nach dem der Musikautomat funktioniert, arbeiteten früher auch die Hammerwerke.

Ein Museumsführer erzählt:
Ihr wisst, dass der Schmied mit einem Hammer glühendes Eisen formt, um daraus Werkzeuge zu machen.
In einem Hammerwerk wird der Hammer nicht mit der Hand geschlagen, sondern von einem Wasserrad angetrieben. Ihr könnt das Wasserrad draußen sehen.
Von dem Wasserrad führt in die Schmiede eine Welle hinein, die sich mit dem Wasserrad dreht. Auf der Welle sitzen Pflöcke, die den Schwanz des Hammers nach unten drücken und den Hammerkopf kurz anheben, um ihn dann herunterfallen zu lassen. Wenn das Wasserrad sich schnell dreht, macht der Hammer 100 Schläge in der Minute. Dieser Hammer wurde 1826 – vor über 150 Jahren – in Betrieb genommen und war damals ein großer Fortschritt. Der Schmied sparte Kraft, weil das Wasser für ihn arbeitete. Er konnte genauer arbeiten, weil er beide Hände frei hatte. Er konnte mehr herstellen, weil der wassergetriebene Hammer schneller arbeitete.

Die meisten der alten Mühlen und Hammerwerke sind verfallen.
Vielfach aber werden sie als Industriemuseen wieder in Gang gesetzt, um uns zu zeigen, wie Menschen früher gearbeitet haben.

Technik verändert das Leben

Eine tolle Rolle

WER GEWINNT WOHL?

Wir untersuchen:

Anzahl der Rollen		Kraftaufwand		
fest	lose	groß	mittel	gering
1	–	X		
–	1			
1	1			
2				

Baue dir Rollen und untersuche, wie du Kraft sparen, dir also die Arbeit erleichtern kannst.

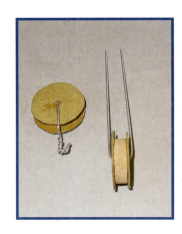  

Technik verändert das Leben

Wir bauen einen Kran

Du brauchst:

Zusammenbau des Grundgerüstes

Bohren des Lagers

Montage der Aufbauten

Einbau der Rollen

Montage des Auslegers

Aus dem Kran kannst du leicht auch einen Magnetkran bauen.

Kran in Funktion

Technik verändert das Leben

Wir brauchen Energie

Mit Experimenten kann man Energiegewinnung im Modell nachempfinden:

Experiment 1

In Wärmekraftwerken werden Kohle, Gas oder Erdöl verbrannt. Die Hitze bringt Wasser zum Sieden.
Der Wasserdampf treibt Turbinen (das sind große Schaufelräder) an, die die Generatoren drehen. Diese Generatoren wirken wie große Dynamos. Darin wird Bewegungsenergie in elektrische Energie umgewandelt.

Achtung!
Der Wasserdampf ist sehr heiß! Verbrennungsgefahr! Halte nur das Windrad in den Dampf!

Experiment 2

In Wärmekollektoren (Wärmespeicher) wird die Sonnenenergie, also die Sonnenstrahlung, zur Erwärmung von Wasser genutzt.
Solaranlagen können die direkte Einstrahlung des Lichtes der Sonne in elektrische Energie umwandeln.

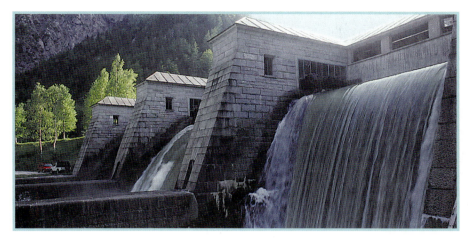
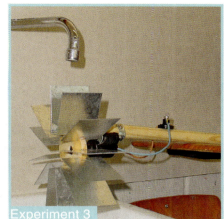

Experiment 3

In Wasserkraftwerken werden die Turbinen durch die Kraft des fließenden Wassers angetrieben. Auf diese Weise wird in den Generatoren aus Bewegungsenergie elektrische Energie gewonnen.

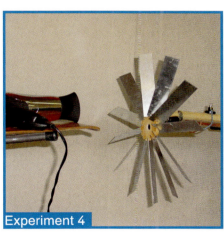

Experiment 4

Die Windkraftwerke nutzen die Kraft des Windes zur Drehung der Rotoren, die die Generatoren in Bewegung setzen und dadurch elektrische Energie gewinnen.

Elektrische Energie wird heute noch vielfach aus den herkömmlichen Energiequellen Kohle, Gas und Erdöl gewonnen, außerdem aus Atomkraft. Diese Arten der Energiegewinnung belasten aber die Umwelt. Außerdem sind die Vorräte an Kohle, Gas und Erdöl begrenzt. Somit gewinnen die alternativen Energien wie z. B. Wasser, Wind und Sonne immer mehr an Bedeutung.

Energie sollte stets **wirksam** genutzt und nicht verschwendet werden. Dabei verfolgt eine **genügsame** Nutzung nicht allein den Zweck, die natürlichen Ressourcen zu schonen, damit sie länger zur Verfügung stehen. Es geht auch darum, die Umwelt **nachhaltig** zu schonen. So verhalten sich die jetzt lebenden Menschen gegenüber den nachfolgenden Generationen **gerecht**, indem sie ihnen Natur und Energiereserven erhalten.

Überlegt euch Möglichkeiten der Energieeinsparung.

Fit im Straßenverkehr

Umweltbewusst?

Urlaubsbeginn auf der Autobahn

Am Wochenende kam es zu kilometerlangen Staus auf den Autobahnen. Da in mehreren Bundesländern gleichzeitig die Sommerferien begonnen haben, machten sich alle zusammen auf den Weg in Richtung Süden. Dadurch staute sich der Verkehr zeitweise auf eine Länge bis zu 60 km. Bei Temperaturen um 30°C war der unfreiwillige Aufenthalt auf der Autobahn kein Vergnügen. Erst gegen Abend lösten sich die Staus auf.

Immer mehr Menschen überlegen, wie sie ihre Wege umweltverträglich meistern können.

Oft ist man mit dem Fahrrad schneller als mit dem Auto und findet auch leichter einen Parkplatz.

Das Fahrrad früher

Freiherr von Drais erfand 1817 eine Laufmaschine.

Das Hochrad wurde um 1870 in England entwickelt.

Harry Lawson erfand 1879 den Kettenantrieb.

126

Das Fahrrad, ein umweltfreundliches Verkehrsmittel

Das Fahrrad wird mit Muskelkraft betrieben – nicht mit Benzin – und stößt keine giftigen Abgase aus.

Menschen, die viel Rad fahren, halten sich fit und tun damit etwas für ihre Gesundheit.

- Vorderradbremse
- Glocke
- Hinterradbremse
- Scheinwerfer und weißer Frontrückstrahler
- Speichenrückstrahler vorn und hinten
- Reifen mit gutem Profil
- Pedalrückstrahler
- roter Rückstrahler
- Schlussleuchte

Es gibt heute viele unterschiedliche Fahrräder. Wenn man am Straßenverkehr teilnehmen will, müssen alle Fahrräder verkehrssicher sein. Manche Räder muss man dann nachrüsten.

Ein Mountainbike ist für unebenes Gelände gebaut.

Das Rennrad eignet sich für schnelles Fahren.

Mit dem Tourenrad fährt man besonders bequem.

127

Fit im Straßenverkehr

Sicheres Verhalten im Straßenverkehr

So verlässt man sicher ein Grundstück

Wenn du nach links anfahren willst, überquere zuerst vorsichtig die Straße. Danach beachte die Punkte 1–6.

6 Mit beiden Händen am Lenker losfahren und Spur halten.

5 Handzeichen links geben.

4 Nach links hinten umsehen.

3 Fahrrad in Fahrtrichtung auf die rechte Fahrbahn stellen.

2 Fahrrad bis zum Fahrbahnrand schieben.

1 Rechts vom Rad stehen.

So fährt man richtig an einem Hindernis vorbei

5 Wieder nach rechts einordnen.

4 Mit Sicherheitsabstand von mindestens einem Meter vorbeifahren.

3 Einordnen und nochmals Schulterblick. Danach auf den Gegenverkehr achten und evtl. anhalten.

2 Handzeichen links geben. Nachfolgende Fahrzeuge müssen wissen, was du vorhast.

1 Beim Heranfahren über die Schulter nach hinten links blicken (Schulterblick). Von hinten können schnellere Fahrzeuge kommen und überholen.

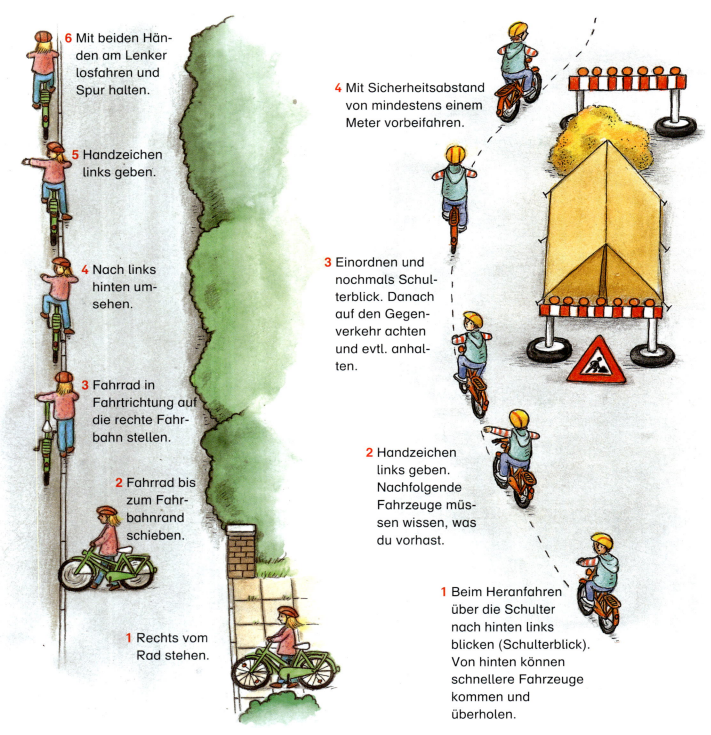

Links abbiegen

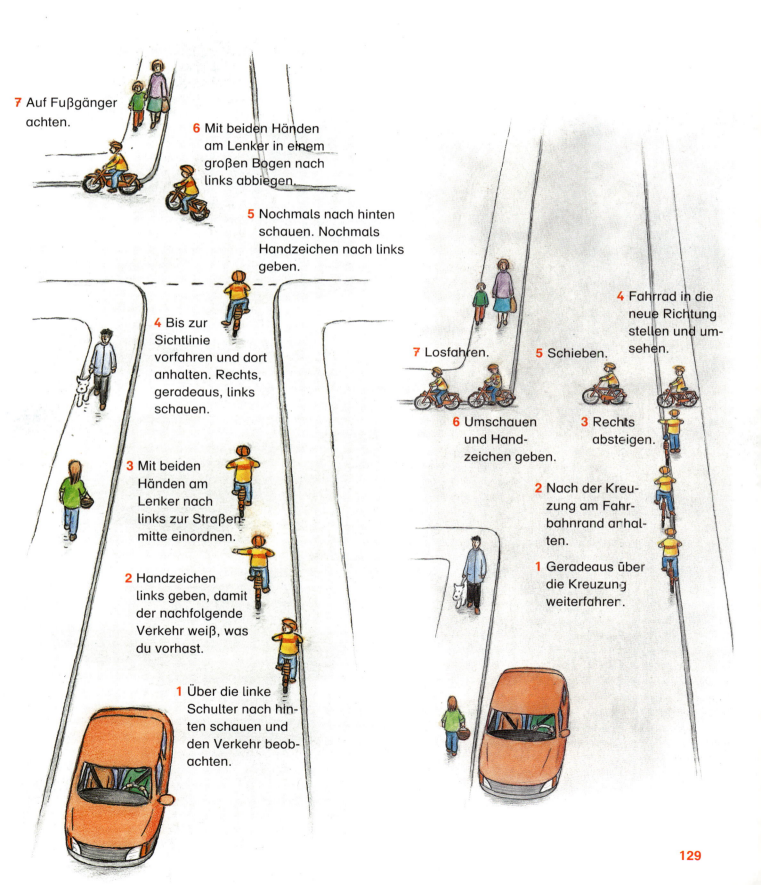

Fit im Straßenverkehr

Vorfahrt muss geregelt werden

Halt! Vorfahrt gewähren!

Kreuzung oder Einmündung mit Vorfahrt von rechts

Ende der Vorfahrtsstraße

Vorfahrtsregelung bei Fahrbahnverengung

Vorfahrtsstraße

Vorfahrt an der nächsten Kreuzung oder Einmündung

Aus der Straßenverkehrsordnung

§ 8 Vorfahrt

1 An Kreuzungen und Einmündungen hat die Vorfahrt, wer von rechts kommt. Das gilt nicht:
  1. wenn die Vorfahrt durch Verkehrszeichen besonders geregelt ist (…) oder
  2. für Fahrzeuge, die aus einem Feld- oder Waldweg auf eine andere Straße kommen.

2 Wer die Vorfahrt zu beachten hat, muss rechtzeitig durch sein Fahrverhalten, insbesondere durch mäßige Geschwindigkeit, erkennen lassen, dass er warten wird. Er darf nur weiterfahren, wenn er übersehen kann, dass er den, der die Vorfahrt hat, weder gefährdet noch wesentlich behindert. Kann er das nicht übersehen, weil die Straßenstelle unübersichtlich ist, so darf er sich vorsichtig in die Kreuzung oder Einmündung hineintasten, bis er die Übersicht hat. Auch wenn der, der die Vorfahrt hat, in die andere Straße abbiegt, darf ihn der Wartepflichtige nicht wesentlich behindern.

§ 36 Zeichen und Weisungen der Polizeibeamten

1 Die Zeichen und Weisungen der Polizeibeamten sind zu befolgen. Sie gehen allen anderen Anordnungen und sonstigen Regelungen vor, entbinden den Verkehrsteilnehmer jedoch nicht von seiner Sorgfaltspflicht.

Abknickende Vorfahrt

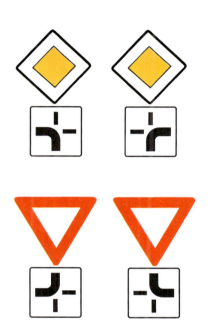

Zusatzschilder zum Verlauf der Vorfahrtsstraße

Die Straße, auf der du dich befindest, beginnt immer am unteren Schildrand. So kannst du den Verlauf der Vorfahrtsstraße erkennen.

Achte auf Sicherheit!

- Erst wenn du acht Jahre alt bist, darfst du auf der Straße fahren.
- Fahre immer möglichst weit rechts!
- Fahre nie freihändig!
- Hänge keine Taschen oder andere Gegenstände an den Lenker!
- Packe keine schweren Lasten auf deinen Gepäckträger!
- Du darfst kein anderes Kind auf deinem Fahrrad mitnehmen.

Fit im Straßenverkehr

So pflegst du dein Fahrrad

Die Radfahrprüfung

Bevor du die praktische Prüfung machst, hast du schon die theoretische Prüfung erfolgreich absolviert und die Radfahrstrecke gründlich mit deinen Lehrern und Eltern geübt. Am Tag der praktischen Prüfung schauen Polizeibeamte, ob dein Rad verkehrssicher ist und ob die Bremsen, der Dynamo, die Beleuchtung und die Klingel funktionieren. Wenn alles in Ordnung ist, darfst du an der Radfahrprüfung teilnehmen. Du fährst die Strecke, die du zuvor geübt hast. Eltern und Polizeibeamte schreiben auf, wenn du etwas falsch machst. Einige wenige Fehler darfst du machen. Wenn du die Prüfung bestanden hast, bekommst du deinen Fahrradpass.

Aber Vorsicht!!
Wenn du glaubst, du kannst jetzt ganz sicher am Straßenverkehr teilnehmen, irrst du dich. Die Prüfstrecke hast du ja oft genug geübt. Fahre also weiterhin vorsichtig und schiebe dein Rad, wenn du dich nicht sicher fühlst.

133

Eine Reise ins Weltall

Sternbilder

Planung

Grundlagenarbeit

Reihen- und Parallelschaltung

Eine Reise ins Weltall

Wir planen unser Projekt

Wenn Strom fließt, bewegen sich Elektronen, das sind winzig kleine, negativ geladene Teilchen, durch einen Draht. Eine Stromquelle hat einen Minuspol und einen Pluspol. Der Minuspol bringt die Elektronen in Bewegung, indem er sie abstößt. Der Pluspol zieht die Elektronen an, also bewegen sie sich in seine Richtung.

Auf dem Weg müssen die Elektronen z.B. auch durch den engen Glühdraht einer Glühlampe hindurch. Das Gedränge ist sehr groß und es wird heiß, weil die Elektronen an den Metallatomen, das sind die winzigen Teilchen, aus denen sich der Draht zusammensetzt, reiben. Deshalb beginnt der Draht zu glühen und die Lampe leuchtet. Nach der Glühlampe setzen die Elektronen ihren Weg zum Pluspol fort. Der Strom fließt also im Kreis und daher spricht man auch von einem Stromkreis.

Eine Reise ins Weltall

Strom fließt im Kreis

Viele Maschinen und Geräte werden mit Elektrizität betrieben: Züge, Kräne, Staubsauger, Fernseher, MP3-Player, Computer, … In der Alltagssprache sprechen wir meistens von Strom, wenn wir Elektrizität meinen. Im Haushalt bekommen wir Strom aus der Steckdose. Aber auch Batterien liefern Strom.

Bringe die Lämpchen zum Leuchten. Erkläre.

Einen Stromkreis kann man aufzeichnen. Dazu verwendet man Symbole:

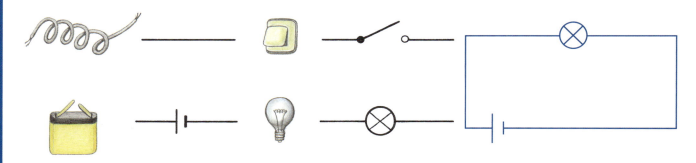

Was ist ein Kurzschluss?

Sicher hast du das auch schon einmal erlebt. Plötzlich geht das Licht aus. Das kann verschiedene Ursachen haben. Der häufigste Grund ist der Kurzschluss. Er entsteht, wenn der elektrische Strom das Lämpchen umgeht und einen kürzeren Weg einschlägt. Dies passiert, wenn alte Drähte ihren Schutzüberzug verloren haben und die blanken Drähte sich berühren („kurz"-schließen).

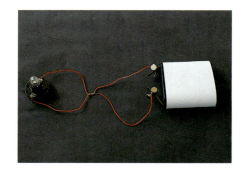

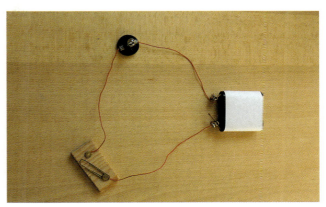

Strom fließt nicht durch alle Stoffe. Probiere aus.

Mit einem Schalter kann man einen Stromkreis bequem öffnen und schließen.
Aus welchem Material könnte ein Schalter gebaut werden?

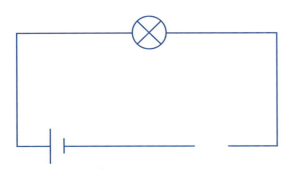
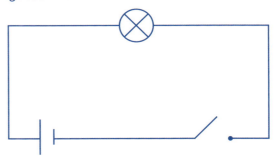

EXPERIMENTIERE NIEMALS MIT STROM AUS DER STECKDOSE!

Strom erzeugt Bewegung:

Strom erzeugt Wärme:

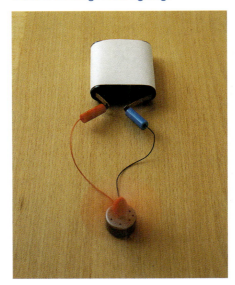
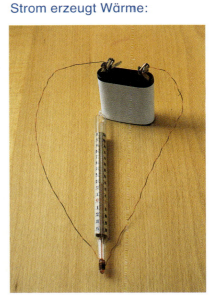

Fahre den Stromkreis mit dem Finger nach und erkläre den Weg des Stroms.

Minuspol **Pluspol**

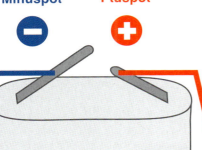

139

Eine Reise ins Weltall

Wie werden die Glühlämpchen geschaltet?

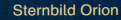
Sternbild Orion

Sternbild Waage

Wie können hier mehrere Lämpchen zusammengeschaltet werden?

Entwirf je eine Schaltung für das Dreieck des Sternbildes Waage und den Gürtel des Sternbildes Orion.

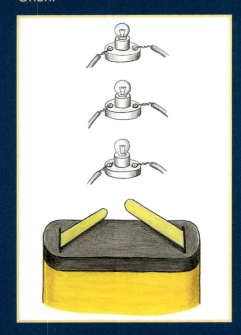

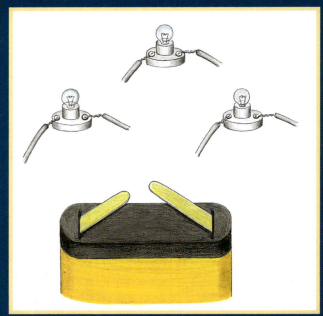

Reihen- und Parallelschaltung

Werden zwei oder mehrere Lämpchen in zwei oder mehreren Stromkreisen geschaltet, so nennt man das eine Parallelschaltung.

Dies ist eine Reihenschaltung:

Dies ist eine Parallelschaltung:

Drehe bei beiden Schaltungen je eine Glühlampe heraus. Was beobachtest du dabei?

Probiere aus, wie viele Lämpchen du gleichzeitig zum Leuchten bringen kannst.

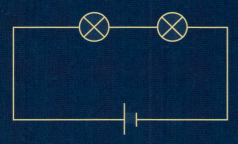

Diese Arbeitsschritte helfen dir, einen stabilen Stromkreis herzustellen:

1 Leitungsdraht mit der Kneifzange abtrennen

2 Leitungsdraht mit der Abisolierzange abisolieren

3 Prüfen, ob die Glühlampe leuchtet

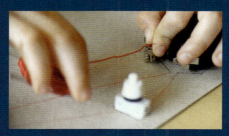

4 Leitungsdraht an eine Polklemme anschließen

141

Eine Reise ins Weltall

Die Kulisse

So fertigst du ein Sternbild mit einer Parallelschaltung:

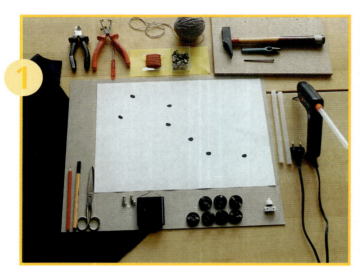

Dieses Material brauchst du:
Pappkarton, Vorlage des Sternbildes, einen großen Nagel, Hammer, Unterlage, Lochmeißel, Heißklebepistole, Schalter, Fassungen, Batterie 4,5 Volt, Lämpchen, Schere, schwarzen Filzstift, Rotstift, schwarzen oder blauen Stoff, Kneifzange, Abisolierzange, Schraubendreher, Leitungsdraht, Batterieklemmen, Kordel zum Aufhängen

Lege die Vorlage auf die Pappe und markiere mit Hammer und Nagel die Punkte auf der Pappe.

Damit du die Markierungen besser siehst, zeichnest du mit schwarzem Filzstift Lampensymbole darüber.

Zeichne mit dem Rotstift den Verlauf der Leitungsdrähte als Parallelschaltung ein. Markiere die Stellen, wo die Batterie und der Schalter angebracht werden sollen. Befestige danach mit der Heißklebepistole die Fassungen auf den Lampensymbolen. Den Schalter und die Batterie klebst du auf die Markierungen. An die beiden Pole der Batterie schraubst du zwei Polklemmen.

Schneide nun mit der Kneifzange so viele Drähtchen zurecht wie du brauchst. Mit der Abisolierzange trennst du an den Enden ca. 1 cm Isolierung ab. Dann befestigst du mithilfe des Schraubendrehers die Drähtchen an den Fassungen, dem Schalter und den Polklemmen an der Batterie.

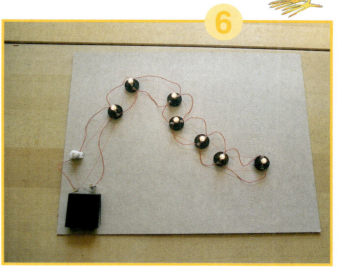

Schraube die Lämpchen in die Fassungen. Mit dem Schalter kannst du den Stromkreis unterbrechen, damit die Batterie nicht so schnell leer wird.

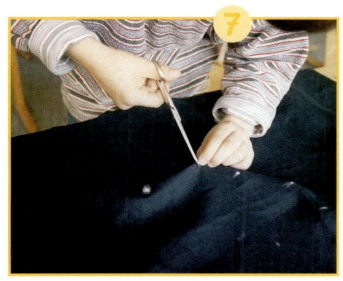

Zum Schluss legst du den Stoff über dein Sternbild, schneidest mit der Schere über den Lämpchen kleine Kreuze ein und drückst die Lämpchen durch die Öffnungen.

Mit dem Hammer und dem Lochmeißel hämmerst du auf der Unterlage noch zwei Löcher zum Aufhängen in die oberen Ecken deines Sternbildes. Nun brauchst du nur noch die Kordel zu befestigen und du kannst dein Sternbild als Kulisse aufhängen. Besonders schön wirkt es vor einem dunklen Hintergrund.

143

Eine Reise ins Weltall

Die Kostüme

144

UND WIR FLIEGEN DURCH DAS ALL

Kommt, wir spielen Astronaut mit uns'rem Raumschiff, selbstgebaut, von Weltraumspezialisten aus Apfelsinenkisten.
Meinen Anzug mach ich mir aus dickem braunen Packpapier und dieser alte Fußball, der wird mein Helm fürs Weltall! Und wir fliegen und wir fliegen und wir fliegen durch das All. Und wir fliegen und wir fliegen sehn die Sterne überall!

Text: Georg Bühren, Musik: Detlev Jöcker

Zehn – neun – acht – sieben – sechs – fünf – vier
in unserm Raumschiff fliegen wir
mit Laserlicht, sensationell,
man sieht uns kaum, wir sind zu schnell.
Acht – sieben – sechs – fünf – vier – drei – zwei
das ist doch keine Hexerei.
Wir fliegen sehr gewissenhaft
nach hochmoderner Wissenschaft
Sechs – fünf – vier – drei – zwei – eins – los,
die Weltraumfahrt ist grandios.
Bewohnt der Mann im Mond ein Haus?
Das finden wir nun bald heraus.

Kommt, wir spielen Astronaut.

Und wir fliegen, und wir fliegen,
und wir fliegen durch das All.
Und wir fliegen, und wir fliegen,
sehn die Sterne überall.

Zehn – neun – acht – sieben – sechs – fünf – vier
der Countdown läuft, wer fliegt mit mir
vorbei am Mond, ins Weltenall
mit Überschall und lautem Knall.
Acht – sieben – sechs – fünf – vier – drei – zwei
und wer sich traut, ist mit dabei.
Ja, Astronaut wär ich so gern,
möcht fliegen bis zum nächsten Stern.
Sechs – fünf – vier – drei – zwei – eins – los,
das Weltenall ist riesengroß.
Dort am Himmel, schaut doch nur,
die weiße Schnur ist unsre Spur.

Kommt, wir spielen Astronaut,
mit unserm Raumschiff, selbstgebaut
von Weltraumspezialisten
aus Apfelsinenkisten.
Meinen Anzug mach ich mir
aus dickem, braunen Packpapier
und dieser alte Fußball,
der wird mein Helm fürs Weltall.
Und wir fliegen, und wir fliegen.

145

Eine Reise ins Weltall

Die Aufführung

Müll

Wohin mit dem Abfall?

Recycling von Glas
Altglas ist Rohstoff

1.
2. Glas wird mit großen Zahnrädern zerkleinert.
3. Fremdstoffe werden durch Magnete und Sauger aussortiert.
4. Restliche Fremdstoffe werden herausgesiebt.
5. Glas wird geschmolzen.
6. Neue Flaschen werden geformt.
7.

Den Grünen Punkt findet man auf vielen Verpackungen, z. B. auf Safttüten, Joghurtbechern, Konservendosen, ... Manchmal ist er auch schwarz.
Was geschieht mit diesen Abfällen?
Produkte mit dem Grünen Punkt werden extra in Gelben Tonnen oder Gelben Säcken gesammelt. Diese Abfälle werden von der Firma „Duales System Deutschland" sortiert und an Recyclingbetriebe weitergeleitet. Die Kosten dafür werden an den Hersteller der Produkte und von diesem wiederum an den Kunden durch eine Erhöhung des Preises weitergegeben. Der Grüne Punkt bedeutet nicht, dass die Verpackung besonders umweltfreundlich ist. Das Recycling bestimmter Verpackungen ist sehr aufwändig und teuer. Deshalb landen Produkte mit dem Grünen Punkt oft letztlich doch in einer Mülldeponie oder Verbrennungsanlage.

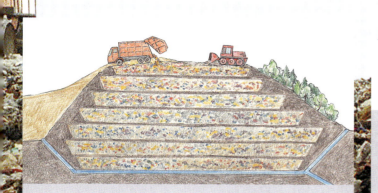

Die Mülldeponie

Etwa drei Viertel alles anfallenden Mülls werden in Mülldeponien entsorgt. Müllwagen entladen an einer ihnen zugewiesenen Stelle, anschließend wird der Müll zusammengepresst. Damit wird der Platz, den die Müllmenge einnimmt, um ein Drittel reduziert. Außerdem wird immer wieder eine Schicht Bauschutt auf den Müll geschoben, um ihn stabil zu machen und noch mehr zusammenzudrücken.

Den Boden einer Mülldeponie bildet immer eine wasserundurchlässige Lehmschicht. Anfallendes Sickerwasser wird zur Reinigung in Kläranlagen weitergeleitet. Dennoch kann noch flüssiges, giftiges Sickerwasser in das Grundwasser gelangen. Die Verrottung von Küchen- und Gartenabfällen kann giftige Gase produzieren. In modernen Deponien werden diese in Wärmekraftwerken verwendet.

Wenn Mülldeponien eine Höhe von 30 bis 100 Metern erreichen, deckt man die Fläche mit Erde ab und bepflanzt sie.

Die Müllverbrennungsanlage

Eine Möglichkeit die Abfallmengen zu verringern sind Müllverbrennungsanlagen. Große Anlagen können täglich bis zu 1000 t Abfälle verbrennen, das entspricht etwa 300 Müllwagen. Bei der Verbrennung bleiben ca. 250 t Asche (Schlacke) zurück, die wiederum in Deponien gelagert werden. Außerdem entsteht Rauch, der oft sehr giftig (Dioxin) ist. Deshalb wird der Rauch gefiltert. Kleine Mengen können dennoch in die Luft gelangen. Der Vorteil der Müllverbrennung ist die entstehende Hitze, mit der die umliegenden Häuser mit Energie (Fernheizung) versorgt werden können.

Welche Vor- und Nachteile hat die Müllverbrennung? Welche besseren Lösungen könnte es geben?

Recycling

Wiederverwertung

Einweg

Mehrweg

Umweltschutz

Müllverbrennung

Mülldeponie

Müll

Papier aus Altpapier

Wenn ihr selbst Papier herstellen wollt, braucht ihr folgende Materialien und Geräte:

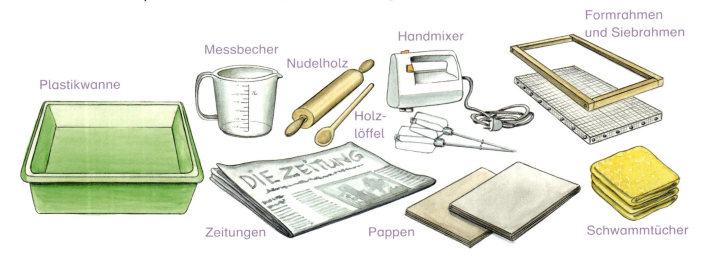

1. Das wichtigste Gerät ist das Schöpfsieb. Es besteht aus dem Formrahmen und dem Siebrahmen. Beide sind gleich groß und aus Holzleisten zusammengebaut. Auf dem Siebrahmen ist ein Stück Fliegengitter mit Heftzwecken befestigt.

2. Am Tag vor der Papierherstellung zerreißt ihr mehrere Seiten Zeitungspapier in kleine Schnitzel und weicht sie in Wasser ein.

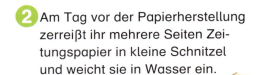

3. Am nächsten Tag werden die eingeweichten Papierschnitzel mit einem Küchenmixer zerkleinert. Der dickflüssige Papierfaserbrei wird in eine Plastikwanne, die halb mit Wasser gefüllt ist, hineingerührt.

4. Zum Schöpfen legt ihr den Formrahmen auf den Siebrahmen und taucht dieses Schöpfsieb mit beiden Händen schräg in die Flüssigkeit. Haltet es am Boden der Wanne einige Zeit waagerecht, bis sich die Flüssigkeit beruhigt hat.

5 Nun hebt ihr das Schöpfsieb langsam wieder heraus und lasst das Wasser abtropfen. Ein Partner saugt mit einem Schwammtuch das überschüssige Wasser unter dem Sieb auf. Dies nennt man auch „gautschen".

6 Nehmt den Formrahmen ab und legt auf das Sieb mit dem geschöpften Papier eine Pappe. Dreht beides um und legt es auf mehrere Zeitungen. Mit einem trockenen Tuch reibt ihr über die Rückseite des Siebes und hebt es dann vorsichtig ab.

7 Auf das frisch geschöpfte Papier legt ihr eine zweite Pappe und darauf wieder Zeitungspapier. Mit einer Nudelrolle könnt ihr weiteres Wasser herauspressen.

8 Hebt nun die Zeitung und die obere Pappe ab und versucht, das frische Papier an einer Seite anzurollen und es dann langsam mit beiden Händen von der unteren Pappe abzuziehen. Das frische Papier wird zum Trocknen auf die Fensterbank gelegt oder auf die Leine gehängt.

Vor jedem weiteren Schöpfen muss die Flüssigkeit wieder gut umgerührt und eventuell neuer Faserbrei untergerührt werden.

Das getrocknete Papier kann zu Briefpapier oder Karten geschnitten, beschriftet, bemalt und vielseitig gestalterisch ausgeschmückt werden.

151

Blick in die Vergangenheit

Steinzeit

Früher verwendeten die Menschen Knochen, Holz und vor allem Steine als Waffen und Werkzeuge. Deshalb bezeichnen wir sie heute als „Steinzeitmenschen".
Die ersten Steinzeitmenschen lebten vor mehr als 1 500 000 Jahren. Vor ungefähr 8000 Jahren fingen die Menschen an, Waffen und Werkzeuge aus Metallen wie Bronze und Eisen herzustellen. Das war das Ende der Steinzeit.

Steinzeit-Wohnungen

In der Steinzeit mussten sich die Menschen vor Naturgewalten und Raubtieren schützen. Sie lebten deshalb in Höhlen oder unter Felsvorsprüngen. Manche von ihnen bauten sich eigene Behausungen. Hier wurde die Nahrung aufbewahrt, das Feuer gehütet und es wurden Waffen hergestellt.

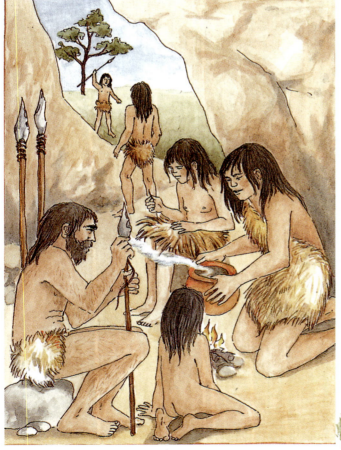

In der Höhle

Grube

Zweighütte

Holzhütte mit Pfos

Ihre Lebensweise

Die Steinzeitmenschen lebten von Beeren, Früchten und Wurzeln sowie von der Jagd. Sie jagten nicht nur kleine Tiere, sondern auch Großwild, wie Steppen- und Waldelefanten oder Nashörner. Dazu mussten sich mehrere Jäger zusammenschließen, denn einer allein konnte solch ein Tier nicht erlegen. Vermutlich haben sich die Jäger nicht nur zur Jagd getroffen, sondern lebten mit ihren Familien gemeinsam an einem Ort. So bildeten sich die ersten Lebensgemeinschaften, die bis zur heutigen Zeit immer größer wurden: Familie – Stamm – Dorf – kleine Stadt – Großstadt.

Das Feuer – eine wichtige Errungenschaft der Steinzeitmenschen

Wie die Menschen in der Steinzeit lernten, Feuer zu machen, wissen wir heute nicht. Auf jeden Fall hatte es eine große Bedeutung für ihr Überleben.
Sie konnten es als Wärmespender und zur Zubereitung der Nahrung nutzen. Im Feuer härteten sie auch die Spitzen der Speere.

So entfachten die Steinzeitmenschen Feuer:

Die Steinzeitmenschen waren nicht nur Jäger und Sammler. In manchen Gebieten bauten sie Getreide an und züchteten Tiere. In Südfrankreich, Spanien, Nord- und Südafrika entdeckte man Höhlen, deren Wände mit farbigen Zeichnungen geschmückt sind. Auch in Süddeutschland fand man Hinterlassenschaften steinzeitlicher Künstler.

Sie schlugen zwei Steine aufeinander.

Sie rieben ein Seil an einem Stück Holz.

Sie drehten einen Stab in einem trockenen Holzstück.

Sie strichen ein Stück Holz über ein anderes.

Sie bohrten einen Stab mit Druck in ein Holzstück.

Knochenflöte

Blick in die Vergangenheit

Die Ritter

Ritter waren bewaffnete Reiter, die im Dienste eines Fürsten standen. Für ihn zogen sie in den Krieg. Als Lohn „lieh" ihnen der Fürst ein großes Stück Land mit Dörfern und den dort lebenden Menschen. Ihnen wurde ein sogenanntes „Lehen" übertragen.
Die Bewohner des Lehens mussten dem Lehnsherrn Abgaben in Form von Tieren, Arbeitsdiensten oder eines Teils der Ernte leisten. Dafür durften sie auf seinem Land leben und es bewirtschaften. Der Lehnsherr war auch Gerichtsherr über seine Untertanen. Als Gegenleistung gewährte der Ritter den Bewohnern seines Landes Schutz vor Räuberbanden und feindlichen Heeren.

Ritter ziehen in den Kampf

Schwertleite

Wie man Ritter wurde
Als Sohn eines Ritters wurde man nicht automatisch ebenfalls zum Ritter. Erst nach einer langen Ausbildung konnte man zum Ritter geschlagen werden.
Die Kindheit endete im Mittelalter bereits im Alter von etwa sieben Jahren. Stadtkinder wurden dann in eine Lehre geschickt, Landkinder mussten auf dem Hof arbeiten. Der Sohn eines Ritters wurde aus der Obhut seiner Mutter entlassen, um als Page einem Ritter zu dienen. Die eigentliche Ritterausbildung begann im Alter von 14 Jahren. Der Junge wurde auf eine andere Burg geschickt und diente dort einem erfahrenen Ritter als Knappen. Er lernte hauptsächlich Kampftechniken. Außerdem war ein Knappe dafür zuständig, seinem Ritter die Rüstung in Ordnung zu halten. Er unterstützte ihn im Kampf und versorgte die Pferde.
Erst im Alter von etwa 21 Jahren wurde der Knappe zum Ritter geschlagen. Dafür musste er sich im Kampf besonders bewährt haben. Der Ritterschlag – die so genannte Schwertleite – war eine feierliche Angelegenheit. Nachdem der Knappe eine Nacht im Gebet in der Kirche zugebracht hatte, fand die Zeremonie statt. Der Knappe kniete nieder, schwor seinem Fürsten Treue und versprach, ein guter Christ zu sein. Dann erhielt er die ritterlichen Waffen. Die aus Filmen bekannte Berührung der Schulter mit dem Schwert war nicht überall und zu allen Zeiten üblich.

Ritter mit einem Knappen auf der Vogeljagd

Die Ausrüstung des Ritters

Die Ausrüstung des Ritters veränderte sich im Laufe des Mittelalters: Bis zum zehnten Jahrhundert benutzten die Ritter vorwiegend Lederpanzer, die mit Metallschuppen besetzt waren. Dann kamen Metallschienen für die Beine und ein Helm hinzu.

Ab dem elften Jahrhundert wurde die Rüstung immer weiter ergänzt. Der Ritter trug jetzt ein Kettenhemd aus kleinen Metallringen. Dazu kamen später ein Brustpanzer, Beinpanzer, Kniepanzer und ein Topfhelm. Allein diese Gegenstände wogen um die 20 kg.

Das Schwert allein wog ca. drei Kilogramm, zusammen mit Lanze und Schild kamen etwa weitere zehn Kilogramm zusammen. Es war nicht ungewöhnlich, dass ein Ritter mit dieser Ausrüstung nicht mehr selbst auf sein Pferd kam. Er musste darauf gehoben, das heißt „gehievt" werden.

Ritter ziehen in den Kampf

Ab dem 14. Jahrhundert entwickelten sich aus den Panzern die Panzerrüstungen. Sie schlossen den Ritter von Kopf bis Fuß ein und machten ihn fast unbeweglich. Ein Ritter, der mit solch einer Rüstung im Kampf vom Pferd fiel, hatte kaum eine Chance, aus eigener Kraft das Schlachtfeld zu verlassen. Auch die Pferde wurden für die Schlacht mit Panzern geschützt.

Weil die Ritter in ihrer Rüstung von Kopf bis Fuß eingepackt waren, konnte im Kampf niemand erkennen, wen er vor sich hatte. Um Verwechslungen zu vermeiden, benutzten die Ritter farbige Wappen auf Helm, Rüstung und Schild als Erkennungszeichen.

Blick in die Vergangenheit

Die Burganlage

Viele Ritter lebten in Häusern, die in den Dörfern ihres Lehnsgebietes standen. Nur reiche Ritter konnten es sich leisten, Burgen zu bauen und zu unterhalten.
Die ersten Burgen, die vor mehr als tausend Jahren entstanden, waren Holzbauten. Dabei handelte es sich eigentlich nur um einen Wohnturm, der auf einem natürlichen oder künstlich aufgeschütteten Erdhügel errichtet wurde. Der Erdhügel wurde auch „Motte" genannt. Zum Schutz gegen Angreifer wurde die Motte mit einem Graben und einer Holzpalisade umgeben. Weil man auf offenem Feuer kochte und die Räume mit Kerzen oder Öllampen beleuchtet wurden, war die Brandgefahr sehr groß.

Ab dem zehnten Jahrhundert begann man die Wohntürme aus Stein zu bauen. Dies bot mehr Schutz gegen Angreifer und verringerte die Brandgefahr. Ab dem zwölften Jahrhundert errichtete man innerhalb der aus Stein gebauten Burgmauer neben dem Turm weitere Gebäude.
Viele Burgen wurden ab dem 16. Jahrhundert zu Schlössern umgebaut.

Die Burganlage

Jede Burg hat ein eigenes Erscheinungsbild. Die Bauweise ist abhängig von dem Ort, an dem sie steht. Auch die Bedürfnisse und der Reichtum des Bauherrn beeinflussten die Architektur.
Viele Burgen sind auf Bergen erbaut.
Sie werden Höhenburgen genannt.
Es gibt auch Wasserburgen, die in Teichen gebaut oder durch breite Wassergräben geschützt sind.

Burg Herzberg, Breitenbach

Burg Münzenberg

Alle Burgen sehen unterschiedlich aus. Trotzdem gibt es bestimmte Bauten, die immer vorhanden sind. Wichtige Bauelemente einer Burg sind auf der Zeichnung zu sehen und erklärt.

1 Der Bergfried
Der Bergfried überragt alle anderen Gebäude der Burg. Von seiner Spitze aus konnten Wächter das umliegende Land beobachten. Sie meldeten, wenn sich jemand der Burg näherte.
Der Bergfried bot den Burgbewohnern Schutz, wenn sie angegriffen wurden. Der Eingang lag einige Meter über dem Boden, sodass er nur mit einer Leiter zu erreichen war. Sie konnte bei Gefahr schnell eingezogen werden.

2 Der Palas
Im Palas befanden sich die Wohnräume der Ritterfamilie. Im ersten Stock war der Rittersaal, der Versammlungsraum für die Ritter, untergebracht. In Burgen reicher Ritter wurde dieser Saal mit Wandgemälden und wertvollen Holzvertäfelungen ausgestattet. Die Kemenate war der Wohnraum der Burgherrin. Meist war er der einzige durch einen Kamin beheizbare Raum der Burg.
Auch die Burgküche war oft im Palas untergebracht.

3 Der Kamin
Rauchabzug für den offenen Kamin der Kemenate.

4 Die Wehrmauer
Die Wehrmauer zieht sich rund um die ganze Burg. Sie ist bis zu fünf Meter dick und mehrere Meter hoch. Die Wehrmauer hat oben oft Maueraufsätze, die Zinnen. Hinter ihnen fanden die Verteidiger der Burg Schutz.

5 Der Wehrgang
Hinter den Mauerzinnen befindet sich oben auf der Mauer der Wehrgang. Darauf konnten die Burgwächter rund um die Burg laufen und sie nach allen Seiten hin verteidigen.
In einigen Burgen ist der Wehrgang zusätzlich mit einem Holzdach geschützt.

6 Die Pechnase
Über dem Burgtor befindet sich ein kleiner, nach unten offener Erker. Bei einem Angriff wurden die Feinde von hier aus mit kochendem Wasser oder mit siedendem Pech begossen. Solche Pechnasen gibt es nicht nur am Tor, sondern auch entlang der Wehrmauer.

7 Der Torgraben
Der mit Wasser gefüllte Torgraben war ein Hindernis für Angreifer.

8 Die Zugbrücke
Die Zugbrücke führt vom Tor über den Burggraben. Sie konnte mithilfe eines Gegengewichtes schnell eingezogen werden. Dann war der Zugang zur Burg gesperrt.

9 Das Burgtor
Das Burgtor besteht aus dickem Holz und wurde oft mit einer Eisenpanzerung und dicken Holzbalken gesichert.

10 Die Burgkapelle
Da die Menschen im Mittelalter sehr gläubig waren, befindet sich auf jeder Burg eine Kapelle. In kleineren Burgen ist dies oft nur ein Nebenraum im Wohngebäude.

11 Der Brunnen
Im Falle einer Belagerung war es wichtig, neben einer ausreichenden Menge an Lebensmitteln auch Wasser zu haben. Bei Burgen, die auf Bergen standen, mussten oft viele Meter tiefe Brunnen gegraben werden. Zusätzlich wurde Regenwasser in speziellen Anlagen, den Zisternen, aufgefangen.

12 Die Nebengebäude
In den Nebenbauten waren Ställe, Vorratsräume und Wohnräume für die Bediensteten der Burg untergebracht.

Blick in die Vergangenheit

In der Burg

Nur in der Kemenate, dem Wohnraum der Burgherrin, gibt es ein wärmendes Feuer. Hier ist die kleine Fensteröffnung mit teuren Butzenscheiben verschlossen. In der Kemenate unterrichtet die Burgherrin ihre Tochter im Lesen, Schreiben und Rechnen. Sie ist die einzige Bewohnerin der Burg, die das beherrscht. Ihr Mann hat nie lesen und schreiben gelernt, ebenso wenig wie ihre Söhne. Ein Ritter muss schließlich kämpfen können und nicht lesen und schreiben. Das ist Frauensache.

In der Küche ist heute eine Menge los. Der Burgherr hat Gäste eingeladen und man kocht sein Lieblingsgericht, Kalbspfeffer. Der Topf hängt schon über dem Feuer. Die Köchin gibt gerade die kostbaren Gewürze Ingwer, Nelken, Kardamom und Safran dazu. Sie hat sie heute Morgen von der Burgherrin erhalten. Diese Gewürze sind so teuer, dass die Burgherrin sie selbst aufbewahrt. Natürlich gibt es heute nicht nur Kalbspfeffer. Neben anderen Gerichten müssen noch die Heringe in Honig und das Zimthuhn vorbereitet werden.

Eine Küchenmagd backt frisches Brot, das zum Kalbspfeffer gereicht wird. Ein Küchenjunge stößt Mandeln für die Nachspeise in einem Mörser. Der Junge ist erst seit einigen Tagen in der Burg und staunt noch immer, wie gut hier gegessen wird. Er kommt von einem kleinen Bauernhof, wo es selten Fleisch gibt. Dort isst man hauptsächlich Getreidebrei mit Wasser oder Milchsuppe.

Im Rittersaal werden eben die letzten Vorbereitungen für das Festmahl getroffen. Pagen tragen Bänke und Tische herein und legen Tischtücher auf. Messer bringt jeder Gast selbst mit und Gabeln braucht man nicht. Man isst mit den Fingern aus den gemeinsamen Schüsseln. Nun müssen noch die Becher für den gewürzten Wein auf die Tische gestellt werden.

Ein Page schüttelt sich, er friert. Der Steinfußboden und die nackten Wände im Saal sind kalt. Durch die kleinen Fensteröffnungen zieht die Kälte herein. Man könnte sie ja mit den Holzläden verschließen, aber dann wäre es dunkel im Saal. Die Kerzen werden erst am Abend angezündet, weil sie zu teuer sind, um vergeudet zu werden.

Auf dem Burghof laufen die Hunde des Burgherrn sowie Schweine, Ziegen und Hühner frei herum. Aus dem Ziehbrunnen in der Mitte des Hofes holt ein Küchenjunge Wasser, um es in die Küche zu bringen. In einer Ecke des Burghofes werfen sich Kinder einen Ball aus Stofffetzen zu. Die anderen Kinder spielen mit Steckenpferden Ritterkämpfe. Ein Knappe des Burgherrn führt dessen Pferd in den Stall.

In der Herdasche liegt eine Katze an ihrem Lieblingsplatz und wärmt sich. Hoffentlich trägt sie in ihrem Fell nicht Funken durch die Burg und löst damit ein Feuer aus.

Körper und Gesundheit

Was mein Körper alles leistet

Die Haut
Die Haut ist unser größtes Organ. Sie bedeckt unseren Körper und schützt ihn vor der Außenwelt. Sie ist wasserundurchlässig und elastisch. Unsere Haut hat noch andere Aufgaben. Sie erzeugt zum Beispiel Schweiß, wenn uns zu warm ist. Auf diese Weise wird der Körper gekühlt. Wenn du im Winter so leichte Kleidung trägst, wie der Junge im Bild, frierst du: die Blutgefäße in der Haut ziehen sich zusammen. Deswegen wird weniger Wärme durch die Haut abgegeben. Die Muskeln helfen dem Körper, zusätzliche Wärme zu erzeugen. Dann zittern wir vor Kälte.

Die Muskulatur
Unser Körper hat mehr als 650 Muskeln. Ohne Muskeln könnte man sich nicht bewegen. Deshalb ist unser ganzer Körper damit ausgestattet. Wir brauchen sie zum Sitzen, Spielen, Laufen, Springen, Essen, Lachen, … Sogar das Herz ist ein Muskel. Der Verdauungsapparat besteht auch zum Teil aus Muskeln.
Wusstest du, dass du für jeden Schritt, den du tust, rund 200 Muskeln brauchst, zum Lachen jedoch nur sieben?

Die Atmung
Der Mensch benötigt zum Leben den Sauerstoff aus der Luft. Frische Luft wird durch die Nase eingeatmet und strömt durch die Luftröhre in die beiden Lungenflügel. In der Lunge kann das Blut den Sauerstoff an sich binden und von dort zu den Körperzellen transportieren. In den Körperzellen verbindet sich der Sauerstoff mit den Nährstoffen aus der verdauten Nahrung. Dabei entsteht Energie, die wir zum Leben brauchen.
Wusstest du, dass wir etwa 23 000-mal am Tag atmen? Wenn wir laufen, verbrauchen wir mehr Sauerstoff als sonst. Deshalb atmen wir schneller und in kürzeren Abständen.

Das Skelett
Unser Körper hat rund 208 Knochen. Die Knochen stützen und formen den Körper. Ohne dieses Knochengerüst würde unser Körper in sich zusammenfallen. Außerdem schützt es wichtige Organe wie Herz, Lungenflügel und Gehirn. Jeder Knochen hat eine besondere Größe und Form. Das ist wichtig, weil jeder Knochen eine bestimmte Aufgabe zu erfüllen hat.
Wusstest du, dass der Oberschenkelknochen dein längster Knochen ist? Die kleinsten Knochen sind in deinem Ohr. Sie sind nur drei Millimeter lang.

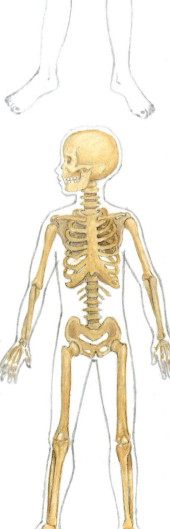

160

Der Blutkreislauf

Der Mensch hat etwa fünf Liter Blut. Das Herz pumpt das Blut durch die Adern in den Körper, sogar bis in die Zehenspitzen. Wir können das als Pulsschlag spüren und hören.

Das Blut verlässt das Herz durch die Arterien und kommt durch die Venen zurück. Dieser Vorgang wird Blutkreislauf genannt. Blut besteht aus roten und weißen Blutkörperchen sowie aus Blutplasma. Das Blutplasma transportiert die Nährstoffe in die Körperzellen und die Abfallstoffe in die Nieren.

Die roten Blutkörperchen bringen den Sauerstoff von der Lunge zu den Körperzellen. Sobald sie den Sauerstoff abgegeben haben, übernehmen sie das Kohlenstoffdioxid. Sie bringen es zur Lunge, über die es ausgeatmet wird. Droht unserer Gesundheit durch eingedrungene Bakterien Gefahr, umschließen die weißen Blutkörperchen die Eindringlinge. Sie „fressen" sie auf. Manchmal gelingt es nicht, alle Bakterien abzuwehren. Dann erkrankt der Körper.

Das Nervensystem

Das Gehirn ist die Steuerzentrale des Körpers. Unsere Sinne können mithilfe der Nerven Reize und Empfindungen an das Gehirn weitergeben. So informieren uns die Sinne über unsere Welt. Unser Gehirn ist mit dem Körper durch Nerven wie bei einem Telefonnetz verbunden. Informationen werden durch winzige Stromstöße an das Gehirn weitergeleitet und dort sortiert. Nur die wichtigsten Mitteilungen werden herausgefiltert. Mithilfe der Nerven sendet das Gehirn diese Nachrichten an Organe, Muskeln usw., damit der Körper funktioniert. Diese Mitteilungen sind so schnell wie ein Hochgeschwindigkeitszug.

Wusstest du, dass das Nervensystem 75 km lang ist?

Das Verdauungssystem

Zum Leben brauchen wir Nahrung. Dadurch erhalten wir Energie zum Wachsen, Denken, Bewegen und damit der Körper nicht auskühlt. Die zerkaute Nahrung wird heruntergeschluckt und gelangt durch die Speiseröhre in Magen und Darm. Dabei zerlegen Verdauungssäfte die Nahrung so, dass die Nährstoffe durch die Darmwände ins Blut gelangen können. Mithilfe des Blutes werden diese Nährstoffe zu allen Körperzellen, hauptsächlich aber zur Leber, transportiert. Die nicht vom Körper genutzte Nahrung wandert zum Enddarm und wird ausgeschieden. Die Nahrung bleibt rund 20 Stunden im Körper.

Wusstest du, dass der Darm des Menschen etwa acht Meter lang ist?

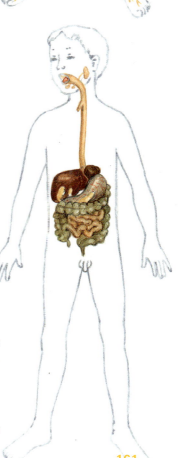

161

Körper und Gesundheit

Iss dich gesund!

Auf Seite 160 und 161 hast du erfahren, was dein Körper alles leisten muss. Damit er das alles kann, braucht er Nahrung, so wie ein Auto Treibstoff braucht. Wenn du isst und trinkst, nimmst du Nährstoffe auf. Sie sind in den Nahrungsmitteln enthalten, die wir aus Pflanzen und Tieren gewinnen. Der Körper wandelt sie durch Verbrennung in Energie um.

Aus diesen Stoffen ist dein Körper aufgebaut. Diese Nährstoffe muss er deshalb auch aufnehmen. Wenn du Hunger hast, dann sagt dir dein Körper, dass er neue Energie braucht.
Energie brauchst du zum Wachsen, Leben und Arbeiten.

Nährstoffe sind Wirkstoffe. Sie werden im Körper verwendet als:

Eiweiße 12 %

Mineralstoffe 3,5 %

Baustoffe:
Sie bauen Körperzellen auf wie z. B. Muskelfleisch.
Sie bilden Knochen und Knorpel neu.

Fette 12 %

Kohlenhydrate 4,5 %

Brennstoffe:
Sie dienen dem Körper als Heizmittel und geben Wärme und Kraft.

Vitamine

Schutz- und Reglerstoffe:
Sie wehren Krankheiten ab und regeln Vorgänge im Körper.

Wasser 65 %

Wasser ist der Hauptbestandteil des Körpers, deshalb musst du auch viel trinken. Ohne Flüssigkeit trocknest du aus.

Nährstoffe lassen sich nachweisen.
Stärke kann man mit Jod sichtbar machen: Sie färbt sich dann blau. Bringt Lebensmittel mit und prüft, ob sie Stärke enthalten.

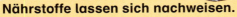

Damit du gesund bleibst, solltest du täglich von allen Nahrungsmittelgruppen etwas essen. Denn die Kraft (Energie) um zu arbeiten, gewinnt der Körper ebenso wie seine Körperwärme durch Verbrennung der Nährstoffe. Selbst wenn du schläfst, braucht dein Körper Energie, weil deine Organe auch dann arbeiten. Besonders viel Kraft benötigst du, wenn du dich anstrengst, zum Beispiel beim Sport. Ein Grundschüler braucht 1 g Eiweiß **(Ei)**, 1 g Fett **(F)** und 5 g Kohlenhydrate **(K)** je kg Körpergewicht und außerdem natürlich ausreichend Mineralstoffe **(M)** und Vitamine **(V)**. Welche Nährstoffe du wirklich brauchst, bestimmst du also selbst mit. Aber in welchen Lebensmitteln findest du sie?

Fleisch, Fisch und Eier liefern Eiweiß. Fleisch oder Fisch solltest du nur 2-mal in der Woche essen, ebenso nur 2 Eier.

Der Mineralstoff Kalzium hilft, Knochen stabil zu halten. Du brauchst ihn bei jeder Bewegung. Er schützt bei starker Sonne vor Sonnenallergie. Er ist vor allem in Milchprodukten enthalten. Am besten trinkt man täglich 1/4 Liter Milch und isst Käse.

Du brauchst Fett, aber zu viel tierisches Fett ist ungesund. Oft ist viel Fett versteckt, z. B. in Kuchen und Wurst. Gesünder sind Fette aus Pflanzen, z. B. das von Nüssen und Öl.

Kohlenhydrate musst du besonders viel essen, wenn du Sport treibst. Du findest sie vor allem in Getreideprodukten und Kartoffeln. Besonders gesund sind Vollkornprodukte, weil sie Ballaststoffe enthalten. Sie fördern die Verdauung.

Vitamine findest du in Gemüse und Obst. Möhren z. B. enthalten viel Vitamin A, das du für deine Augen brauchst. Orangen speichern viel Vitamin C, das dir im Winter bei Kälte hilft, Erkältungsviren abzuwehren. Gemüse und Obst solltest du täglich 5-mal essen.

Süßigkeiten sind erlaubt, aber zu viel davon ist ungesund. Grundsätzlich ist wichtig, dass du nur isst, wenn du wirklich Hunger hast. Achte also darauf, was dein Körper dir mitteilt.

Ei: 13 g
M: wenig
F: 11 g
K: 0
V: wenig

Ei: 26 g
M: viele
F: 30 g
K: 0
V: wenig

Ei: 1 g
M: einige
F: 80 g
K: 1 g
V: wenig

Ei: 11 g
M: wenig
F: 2 g
K: 67 g
V: wenig

Ei: 1 g
M: viele
F: 0
K: 5 g
V: viele

Ei: 9 g
M: wenig
F: 32 g
K: 54 g
V: 0

Zucker kannst du mit Teststäbchen aus der Apotheke nachweisen.

Körper und Gesundheit

Falsch   Richtig

Trägst du deinen Ranzen richtig?

Prüfe den Sitz deines Ranzens!

MÜDE?

BEWEGUNG MACHT MUNTER!

Es führt über den Main

1. Es führt über den Main eine Brücke von Stein,
wer darüber will gehn, muss im Tanze sich drehn.

Refrain 1.–8. Fa la la la la, fa la la la.

Was macht deinen Körper beweglich?

Bewegung in der Pause

Zuhören macht Spaß

Nur im Sitzen lesen und schreiben?

Körper und Gesundheit

Atmen heißt leben

Du atmest Luft ein und aus, um zu leben. Mit der Luft atmest du ein Gas ein: den Sauerstoff.

Durch Atmen kannst du dich entspannen:
Lege dich irgendwo hin, wo es dir gefällt.
Schließe deine Augen.
Die Hände legst du auf deinen Bauch.
Atme mehrmals ganz ruhig in deinen Bauch hinein:
- Einatmen durch die Nase – deine Hände heben sich
- Ausatmen durch die Nase – deine Hände senken sich

Was spürst du? Wie fühlst du dich?

Ohne Atemluft hältst du es nicht lange aus.
Manchmal ist es aber nötig, die Luft anzuhalten, z. B. beim Tauchen.

Teste im Schwimmunterricht beim Fußwärts-Tauchen, auf welche Weise du am schnellsten auf den Boden sinkst:
1. nach dem Einatmen,
2. nach dem Ausatmen.

Prüfe das Ergebnis nach:
- Fülle eine Glaswanne halb mit Wasser.
- Blase einen Luftballon ganz auf, den anderen nur wenig! Der volle Ballon soll den Körper mit viel eingeatmeter Luft, der leere Ballon soll den Körper mit wenig Luft darstellen.
- Tauche die Ballons nacheinander ins Wasser. Was entdeckst du?

Kannst du nun erklären, wann du schneller abtauchst?

Du kannst messen, wie tief du atmest:
- Fülle eine Schüssel mit Wasser.
- Lege eine Flasche ins Wasser und lass sie ganz voll laufen.
- Stelle die Flasche mit der Öffnung nach unten senkrecht ins Wasser.
- Nimm einen Schlauch und stecke ihn unter Wasser in die Öffnung der Flasche.
- Hole tief Luft und blase in das andere Ende des Schlauches.

Was geschieht? Beobachte.
Wasche den Schlauch ab und lass ein anderes Kind blasen.
Beobachte wieder und vergleiche.

Bist du im Unterricht manchmal müde und musst dauernd gähnen?
Dann brauchst du frische Luft! Egal, was du tust, du musst ständig neuen Sauerstoff aufnehmen.
Aber wie oft? Prüfe nach.
- Setze dich bequem hin. Ein Partner nimmt eine Uhr mit Sekundenzeiger, gibt das Startsignal: „Los!" und ruft nach einer Minute „Stopp!".
- Du zählst in dieser Minute deine Atemzüge mit der Hand auf der Brust: Einmal Ein- und Ausatmen = 1 Atemzug. Mache für jeden Atemzug einen Strich auf ein Blatt.
- Mache anschließend 15 Kniebeugen und zähle wieder.
Wechsle mit deinem Partner ab.

Wenn du atmest, gelangt Luft in deine Lunge. In der Lunge wird der Sauerstoff aus der Luft an das Blut abgegeben. Der Weg des Blutes vom Herzen in die Lunge und zurück zum Herz nennt man den Lungenkreislauf. Der Blutweg vom Herzen in den gesamten Körper und zurück zum Herzen nennt man den Körperkreislauf. So gelangt das Blut zu allen Körperzellen. Die Zellen sind die Bausteine des Körpers. Ein Teil dessen, was du isst und trinkst, wird in den Zellen verbrannt. Für diese Verbrennung brauchen die Zellen den Sauerstoff. Bei der Verbrennung entsteht Energie, z. B. Wärme. Du brauchst Energie in Ruhe, bei Bewegung und zum Wachsen. Bei der Verbrennung entsteht Abfall: das Gas Kohlenstoffdioxid. Das Blut nimmt dieses Gas aus den Zellen wieder auf. In der Lunge wird es vom Blut an die Luft abgegeben, die du dann ausatmest.

Dein Herz ist ein Motor, der Blut durch die Adern deines Körpers pumpt.
Wie oft dein Herz schlägt, sagt dir dein Puls.
Du misst ihn am besten an der Halsschlagader.

- Such dir einen Partner.
- Vergleiche deinen Pulsschlag ebenfalls in Ruhe und Belastung.
- Zähle die Anzahl der Pulsschläge in einer Minute und schreibe sie wieder auf.
Was entdeckst du?

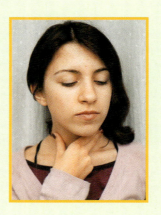

167

Körper und Gesundheit

Lauter Lärm

Hören ist vor allem im Verkehr wichtig.
Du brauchst zwei offene Ohren. Wenn du sie mit Kopfhörern verschließt, lebst du gefährlich!
Denn du kannst nur mit beiden Ohren feststellen, aus welcher Richtung ein Geräusch kommt.
Hupt z. B. rechts von dir ein Auto, so hört dein rechtes Ohr dieses Hupen früher und lauter als dein linkes Ohr.

Der Schularzt fragt:
„Paul, hast du etwa Probleme mit dem Hören?" –
„Nein, ich bin ja warm angezogen!"

Beobachte dich selbst, ob du gut hörst.	ja	nein	manchmal
Beschwert sich deine Familie öfter, dass du den Fernseher zu laut stellst?			
Hast du schon einmal ein herankommendes Auto erst ganz spät gehört?			
Findest du, dass viele Klassenkameraden undeutlich sprechen?			

Hast du schon mal den berühmten Sänger aus London gehört?
Nein, so laut wird der doch wohl nicht singen.

ERFINDET EINEN EIGENEN HÖRTEST.

So wird Schall übertragen:
Die Luft leitet den Schall: Kleinste Luftteilchen stoßen aneinander, diese stoßen wiederum ihre Nachbarteilchen an und so weiter. So pflanzt sich die „Schallwelle" fort.
Führe den Versuch mit den Murmeln durch: Die Murmeln sind die Luftteilchen. Schubse eine Murmel an das Ende der Reihe. Jede angestoßene Murmel gibt den Stoß an die nächste weiter. Die letzte Murmel rollt weg.

Erst wenn Geräusche stören, werden sie als Lärm empfunden. Lärm begegnet uns überall.

Welches Geräusch bedeutet Lärm für dich – für andere?

Geräusch	1.	2.	3.	4.	5.
Eisenbahn	unangenehm	gleich			
Popmusik	unangenehm	angenehm			
Düsenflugzeug	unangenehm	unangenehm			
Hundegebell	gleich	angenehm			
Feuerwehrsirene	gleich	unangenehm			
Straßenverkehr	unangenehm	unangenehm			

Lärm kann man dämpfen

Schallschutzfenster

Welche Materialien eignen sich als Schalldämpfer?

Ohrenschützer

Körper und Gesundheit

Unfälle vermeiden

Manche Unfälle lassen sich voraussehen. Manchen Gefahren im Freibad kann man vorbeugen.

Erste Hilfe

Das ist eine kleine Verletzung.
Was kannst du tun?

Erste-Hilfe-Kasten

Das ist eine schlimme Verletzung.
Was kannst du tun?

Notruf 112

Willst du wissen, wie du bei verschiedenen Unfällen helfen kannst? Zu jedem Unfallbild (Ziffer 1–6) gehört ein Hilfebild.

Jedes Hilfebild hat einen Buchstaben. Bei richtiger Zuordnung ergibt sich aus den Buchstaben ein Lösungswort: helfen

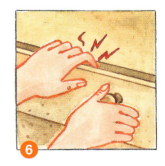

Mädchen und Jungen

Mädchen verändern sich

17. Februar

Auf dem Schulweg bin ich hingefallen. Mein Knie hat so geblutet. Es tat furchtbar weh. Jan hat mir geholfen. Er hat meine Tasche getragen. Er ist sehr nett. In der Schule hat Jan mich immer angeschaut. Ich wurde ganz rot im Gesicht und richtig unruhig. Frau Meyer hat mich ständig ermahnt. Ich brauche nur an Jan zu denken, dann klopft mein Herz wie wild. In der Mathestunde habe ich ihm einen Brief geschrieben. Er hat zurückgeschrieben.

18. Februar

Ich konnte gar nicht einschlafen. Jan, Jan, Jan. Heute Morgen habe ich ihn zufällig getroffen. Wir sind zusammen zur Schule gegangen. Jan, der tut nicht so cool wie die anderen Jungen. Aber dann kam Lisa dazu und quatschte und quatschte. Lisa ist total nervig. Neulich konnte sie nicht mit ins Schwimmbad. „Ich habe meine Tage", sagte sie von oben herab. Die soll bloß nicht so angeben. Aber ein bisschen Busen habe ich auch schon. Mama macht manchmal Bemerkungen darüber. Das ist mir so peinlich. Wenn die Jungen ein Foto von einem nackten Busen sehen, dann lachen sie blöd und kindisch. Aber Jan nicht. Er ist anders. Ich mag ihn sehr.

19. Februar

Jan und ich waren im Kino. Ich weiß nicht, was im Film passierte. Jan hat meine Hand gehalten. Mir wurde abwechselnd heiß und kalt. Vor unserem Haus habe ich Jan geküsst – mitten auf den Mund. Noch zwölf Stunden, bis ich ihn wiedersehe. In meinem Bauch kribbelt es ganz doll.

20. Februar

Lisa hat uns im Kino gesehen. Jetzt weiß es die ganze Klasse. Alle haben gejohlt. „Nina und Jan sind verknallt." Ich wurde so wütend. „Der? Der ist doch nicht cool genug!", habe ich gesagt. Jan wurde kreidebleich und ist weggegangen. Er hat mich nicht mehr angeguckt. Ich bin so traurig.

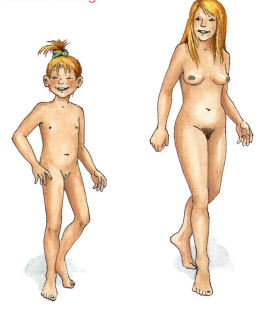

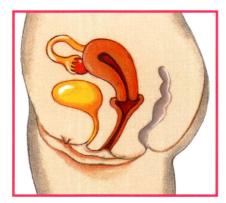

Wenn Mädchen geschlechtsreif werden, bekommen sie ihre Regel. In den Eierstöcken reifen die Eizellen heran. Alle vier Wochen wandert eine Eizelle in die Gebärmutter. Wird die Eizelle nicht von Samenzellen befruchtet, löst sich die Schleimhaut der Gebärmutter. Sie ist stark durchblutet und wird mit der Eizelle durch die Scheide ausgeschieden. Die einige Tage andauernde Blutung wird die Monatsblutung (auch Regel, Tage, Menstruation) genannt, die in einem Rhythmus von etwa vier Wochen stattfindet.

Jungen verändern sich

17. Februar
Nina ist hingefallen. Zuerst hat sie sehr geweint. Aber dann habe ich Witze erzählt, bis sie gelacht hat. Nina kann so schön lachen. Dann blitzen ihre Augen. Nina ist sehr nett. Im Unterricht musste ich immer an ihr Lachen denken. Frau Meyer hat mich ständig ermahnt. Nina hat mir einen Brief geschrieben. Meine Hände haben vor Aufregung gezittert. Sie will mit mir gehen und ich will das auch.

18. Februar
Heute Morgen bin ich extra früher aufgestanden. Ich habe vor Ninas Haus gewartet. Wir sind dann zusammen zur Schule gegangen. Nina ist nicht so albern und zickig wie die anderen Mädchen. Aber mein Bruder hat uns gesehen. „Mein kleiner Bruder hat 'ne Freundin. Na, hast du schon 'nen Steifen gekriegt?" hat er gesagt. Ole ist nur blöd. Jeden Tag nervt er mit seinen Sprüchen. Wenn er bloß nicht merkt, dass mein Glied manchmal wirklich steif wird. Das wäre mir so peinlich. In der Schule aber mache ich auch coole Sprüche. Sonst denken die anderen, mit mir ist nichts los und lachen über mich.

19. Februar
Nina und ich waren im Kino. Ich weiß nicht, was im Film passierte. Ninas Hand lag auf der Stuhllehne. Ich habe sie einfach genommen und festgehalten. Sie hat es, glaube ich, gut gefunden. Auf dem Nachhauseweg hat mich Nina geküsst – mitten auf den Mund. Noch zwölf Stunden, bis ich sie wiedersehe.

20. Februar
Lisa hat uns im Kino gesehen und es offen erzählt. Die ganze Klasse lachte und johlte darüber. Ich wurde so wütend. Ninas Augen wurden ganz ernst und schmal. Sie hat mich nicht mehr angeguckt. Ich bin so traurig.

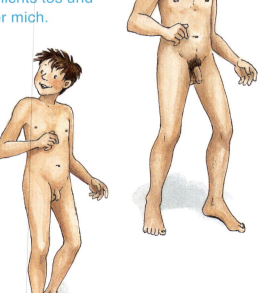

Wenn Jungen geschlechtsreif werden, bekommen sie den ersten Samenerguss. Samen werden auch Spermien genannt. Die Samenzellen reifen in den Hoden heran. Sie sammeln sich zu Millionen an. Wenn der Körper den Samen nicht mehr speichern kann, wird er ausgeschieden. So kann es manchmal, auch nachts, zu einem Samenerguss kommen. Dabei wird das Glied steif. Die Samenzellen verlassen mit der Samenflüssigkeit durch die Samenleiter und das Glied den Körper.

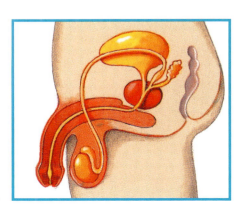

173

Mädchen und Jungen

Komische Gefühle und schlechte Geheimnisse

1. Oktober
Papa hatte wieder keine Zeit, mein Fahrrad zu reparieren. Gott sei Dank hat Thomas mir geholfen. Wir haben eine Radtour unternommen. Thomas ist total nett!!!!

1. Januar
Thomas unternimmt jetzt häufiger etwas mit mir. „Wenn Eltern keine Zeit haben, braucht man Freunde", hat er gesagt. Wir waren auf dem Rummel. In der Achterbahn hat er mich ganz fest an sich gedrückt. Ich hatte gar keine Angst mehr. Zu Weihnachten hat er mir einen ganz tollen Plüschhasen zum Kuscheln geschenkt.

1. Februar
Ich durfte sein Auto fahren. Das war cool. Thomas hat mich auf seinen Schoß gesetzt und ich durfte lenken. „Das bleibt unser Geheimnis. Sonst kommen wir ins Gefängnis", hat er gesagt. Schade, ich kann es nicht mal Mama und Papa erzählen. Ein komisches Gefühl war es schon auf seinem Schoß.

1. April
Neulich waren wir im Schwimmbad. Thomas hat mich in die Familienkabine gezogen. Hier mochte ich mich gar nicht ausziehen. Mir war das so peinlich!

1. Juni
Wir gehen jede Woche schwimmen. Ich kann schon einen Kopfsprung. Thomas hat ihn mir beigebracht. Thomas will mich ständig komisch anfassen! Das ist so unangenehm!!! Er sagt: „Das ist unser Geheimnis!"

8. Juli
Thomas hat jetzt einen kleinen Hund. Mit dem darf ich Gassi gehen. Wenn mich Thomas zum Abschied nur nicht immer küssen wollte.

5. August
In der Schule hat sogar Frau Meyer mit mir geschimpft. Alles mache ich falsch. Ich habe nur noch geheult. Geli hat mich getröstet. Da habe ich ihr alles erzählt. Dass ich die Küsse nicht mag, obwohl der Thomas so lieb ist. Geli hat mich nicht ausgelacht. Sie war ganz ernst. „Wir müssen mit jemandem reden", hat die gesagt, „Geheimnisse, die Bauchschmerzen machen, muss man nicht für sich behalten. Die muss man anderen erzählen!"

Schwangerschaft und Geburt – Eine Familie entsteht

Wenn eine Frau und ein Mann sich lieben, möchten sie sich das auch mit ihrem Körper zeigen. Sie sind zärtlich zueinander, küssen und streicheln sich. Wenn der Mann sein Glied in die Scheide der Frau einführt, kann es für beide mit wunderschönen Gefühlen verbunden sein. Den Höhepunkt dieser Gefühle nennt man Orgasmus. Der Mann hat dann einen Samenerguss. Dabei können aus seinem Glied viele Samenzellen in den Körper der Frau gelangen.

Vereinigen sich eine Samenzelle des Mannes und eine Eizelle der Frau, so hat eine Befruchtung stattgefunden. Gleich nach der Befruchtung beginnt sich die Eizelle zu teilen, neues Leben wächst heran, ein Mensch entsteht. Um eine Befruchtung zu verhindern, gibt es verschiedene Verhütungsmittel. Bei der Wahl des Verhütungsmittels sollte ein Arzt oder eine Ärztin beraten.

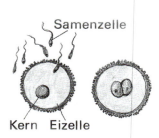

1. Monat
- Die befruchtete Eizelle beginnt sich zu teilen.
- Um den „Embryo" bildet sich die Fruchtblase mit dem Fruchtwasser.
- Die Nabelschnur entsteht.

2. Monat
- Arme, Beine, Hände, Füße und Kopf formen sich.
- Das Herz schlägt.

2. Monat Größe: etwa 4 cm

3. Monat
- Das Kind beginnt sich zu bewegen. Die Mutter merkt von den Bewegungen noch nichts.
- Am Ende des dritten Monats sind alle Organe ausgebildet.

4. Monat
- Der Bauch der Mutter wird dicker.
- Die Nase und die Ohren des Kindes formen sich.

5. Monat
- Die Mutter spürt die Bewegungen des Kindes im Bauch.
- Auch der Vater kann, wenn er die Hand auf den Bauch der Mutter legt, die Bewegungen spüren.
- Das Kind hört mit: das Herzklopfen der Mutter, die Stimme des Vaters.
- Nägel, Haare und Wimpern des Kindes wachsen.

6. Monat
- Der Bauch der Mutter wölbt sich vor.
- Die Mutter und der Vater reden mit dem Kind und überlegen sich einen Namen.

6. Monat Größe: etwa 30 cm
Gewicht: etwa 800 bis 1000 g

7. Monat
- Die Mutter besucht einen Geburtsvorbereitungskurs.
- Der Vater begleitet die Mutter und bekommt Tipps, wie er bei der Geburt helfen kann.

8. Monat
- Die Mutter und der Vater lernen in einem Kurs die Pflege eines Babys.
- Das Strampeln des Kindes ist von außen sichtbar.

9. Monat
- Mit dem Kopf nach unten wartet das Kind auf seine Geburt.

Diese kündigt sich durch Wehen an. Die Mutter presst das Kind durch den geöffneten Muttermund hinaus.

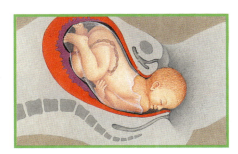

Mädchen und Jungen

Zusammenleben in Familien

MUTTER

„Papa und ich haben uns bei der Arbeit kennengelernt. Einmal sind wir nach Dienstschluss zusammen essen gegangen. Ja, das war ein lustiger Abend und es wurde ziemlich spät. Papa hat mich nach Hause gebracht. Ich hatte damals eine kleine 1-Zimmer-Wohnung. Am nächsten Abend stand Papa wieder vor der Tür. Und dann kam er immer häufiger. Mit Papa war alles schön. Alles gelang mir. Ich lief wie auf rosa Wolken.

Als Papa auszog, war ich einerseits froh, dass dieser ewige Streit ein Ende hatte, auch wenn ich es als Alleinerziehende schwerer habe. Aber traurig war ich dennoch – sehr, sehr traurig. Die Hauptsache aber ist, dass wir beide zusammen sind und das wird sich nie ändern, egal, was kommt."

OMA

„Ich kann es nicht verstehen, dass deine Eltern sich getrennt haben. Auch mit Opa und mir war es nicht immer einfach. Aber damals war eine Scheidung doch immer noch nicht so üblich wie heutzutage. Und ich war, nachdem wir geheiratet hatten, ja auch nie wieder berufstätig. Also haben wir uns immer wieder zusammengerauft. Liebe zwischen Mann und Frau ist nicht immer gleich stark. Als Opa starb, waren wir schon vierzig Jahre verheiratet. Jetzt, wo er nicht mehr da ist, weiß ich erst, wie wichtig er mir eigentlich war."

VATER

„Mama und ich, wir waren total verliebt. Wir haben alles gemeinsam gemacht. Einmal hatte mich mein Freund übers Wochenende eingeladen. Er hatte Fußballkarten für das Spiel der Nationalmannschaft besorgt. Auf halbem Weg zu ihm habe ich das Auto gewendet und bin zu Mama zurückgefahren. Ich hätte es kein Wochenende ohne sie ausgehalten. Ich hätte sie immer anfassen und berühren können. Und ich wollte sie ganz dicht, wahnsinnig dicht bei mir haben und sie spüren. Später haben wir uns viel gestritten, woran ich bestimmt auch Schuld hatte. Irgendwann hatte ich dann genug. Ich habe meine Sachen gepackt und bin ausgezogen. Einerseits war ich so froh, weg zu sein, weil ich wütend auf Mama war. Aber dann habe ich euch sehr vermisst und war sehr traurig. Bei meiner neuen Frau und ihren Kindern will ich meine Fehler nicht wiederholen. In jedem Fall will ich dir und meinen Stiefkindern immer ein guter Vater sein."

KIND

„Ich will nicht, dass sie in der Schule wissen, dass Papa nicht mehr bei uns wohnt. Ich habe erzählt, dass er viel auf Montage ist. Und dass wir in den Ferien mit dem Motorrad nach Italien gefahren sind. Ich habe ihnen dazu das Foto von uns beiden auf dem Motorrad gezeigt, das wir am Wochenende gemacht haben."

Meine Eltern sind geschieden, aber sie haben mich immer noch ganz doll lieb!

Familien im Wandel der Zeit

Früher wie heute haben Menschen sich so malen oder fotografieren lassen. Diese Porträts geben auch Auskunft über ihre Beziehungen und Gefühle zueinander.

Simon Meister, Familie Werbrun

Familienbild aus dem 19. Jahrhundert

Familienbild von 1916

Um 1916 ein Foto zu machen, musste man einen Fotografen kommen lassen.

Was ist anders als auf dem Gemälde?
Was wollten die Menschen auf dem Foto ausdrücken?

Einzelheiten in dem Bild verraten, dass die Familie vor langer Zeit lebte.

Wie interpretierst du die Beziehung der Personen auf dem Bild? Sieh dir den Gesichtsausdruck der Menschen an. Für wen könnten die Geschenke sein?

Familienbild von 2004

Heute kann man schnell bei vielen Gelegenheiten ein Foto aufnehmen.

Was denkst du über diese Familie?
Wie stellst du dir deine eigene Familie in einem Porträt vor?

Register

A
Abfall 148-149
Abwasser 20-21
Aggregatzustände 8-9
Atmung 160, 166-167
Arbeit 40-41, 86-87, 106-107
Automaten 118-119
Automobil 114-115

B
Baumwachstum 50-51
Benz, Karl 114
Bewegung 160, 164-165
Blutkreislauf 161, 167
Bohne 14-15
Brandschutz 38-41
Brasilien 80
Brücke 100-101
Buchdruck 108-109
Burg 156-159

C
Celsius, Anders 26
Chanukka 82
Computer 104-105

D
Daimler, Gottlieb 115
Dampf 124
Deutschland 73
Diesel, Rudolf 115
Divali 82

E
Echoortung 48
Elektrizität 136-143
Energie 124-125
Erfinder 96-97, 114-115
Ernährung 162-163
Erste Hilfe 171
Europa 74-75
Experimente siehe Versuche

F
Fahrrad 126-133
Fahrradprüfung 133
Familie 175-177
Feste 82-83
Fett 162-163
Feuer 34-41
Feuerwehr 40-41
Fischer, Artur 97
Flaggen 74-75
Flaschenzug 120-121
Fledermaus 48-49
Flughafen 61-63
Frankfurt am Main 60-61
Frankreich 81
Fußball 102-103

G
Geburt 175
Gefühle 92-93, 172-177
Gehör 168-169
Gemeinde 94-95
Gemeinderat 95
Generationen 176-177
Gesundheit 160-161
Gewitter 29
Griechenland 81, 83
Gutenberg, Johannes 109

H
Haut 160
Hessen 72
Hoffmann, E.T.A. 118

I
Indien 81-82

J
Jungen 173

K
Kaleidoskop 98-99
Kälte 24-25
Kanada 80
Kanalisation 20-21
Karten 56, 64-77
Kassel 66-67
Kerze 37
Kinderarbeit 86-87
Kinderrechte 84-85
Kläranlage 20-21
Klassensprecher 91
Kohlenhydrate 162-163
Konflikte 92
Konfliktlösungen 93
Körper 160-173
Kostüme 144-145
Kran 122-123

L
Lärm 168-169
Legende 65
Licht 98-99
Lieder
• Es führt über den Main 165
• Kindermutmachlied 90
• Und wir fliegen durch das All 145
• Was soll es bedeuten? 83
Luft 30-33, 166-167
Luftverschmutzung 32-33

M
Mädchen 172
Main 68-69
Märklin, Friedrich Wilhelm 96
Maschinen 114-115, 118-119
Maßstab 65
Medien 78-79, 110-113
Mineralstoffe 162-163
Miró, Joan 105
Mittelalter 154-159
Motor 114-115
Müll siehe Abfall
Mülldeponie 149
Müller, Heinrich 97
Müllverbrennungsanlage 149
Muskulatur 160, 164-165

N
Nährstoffe 162-163
Nahrungskette 46-47
Nationen 74-75, 80-81
Ncwala 82
Nerobergbahn 59
Nervensystem 161
Niederschläge 6-11, 24-25

O
Odenwald 70-71
Offenbach, Jacques 118
Ostern 83
Otto, Nikolaus August 114

P
Q
Papier 106-107, 150-151
Papierproduktion 106-107
Parallelschaltung 140-141
Partnerklasse 54-55
Patenschaft 88-89
Pflanzen 13-15, 44-47, 50-53
Planeten 134-137
Pubertät 172-173

R
Rad siehe Fahrrad
Recycling 148-149
Regen 6-7, 11, 24-25
Reihenschaltung 140-141
Reinhardswald 70-71
Reisen 116-117
Religionen 82-83
Rhön 70-71
Ritter 154-155
Rollen 120-121
Röhren 18

S
Salz 10-11
Salzwasser 10-11
Schall 168-169
Schülerzeitung 112-113
Schulhof 94-95
Schwangerschaft 175

Seker Bayram 83
Skelett 160, 164-165
Solarenergie 124
Spielzeug 96-97
Spuren 42-43
Stadtführer 56-57
Steiff, Margarete 96
Steinzeit 152-153
Sternbilder 134-135
Streichholz 36
Stromkreis 138-143

T
Tagebuch 172-173
Tansania 81
Tanz 165
Taunus 70-71
Theater 146-147
Thermometer 26-27
Trinkwassergewinnung 16-17
Türkei 83

U
Unfall 170

V
Vakuum 31
Verdauungssystem 161
Vergangenheit 152-159, 177
Verkehr 126-133
Versuche
• zu alternativen Energien als Antrieb 124-125
• zu den Aggregatzuständen 8-9
• zu Eigenschaften der Luft 30-33
• zu Inhaltsstoffen in Nahrungsmitteln 162-163
• zu Keimung und Wachstum 14-15, 47
• zum Einfluss der Luft auf die Verbrennung 38
• zum Licht 99
• zum Löschen 39
• zum Lösen von Feststoffen 12-13
• zum Mischen und Trennen von Flüssigkeiten 19

• zum Prinzip der verbunden Röhren 18
• zum Pulsschlag 167
• zum Wasserkreislauf 6-7
• zur Atmung 166
• zur Brennbarkeit von Stoffen 36-37
• zur Elektrizität 138-143
• zur Luftverschmutzung 33
• zur Wasserdurchlässigkeit von Bodenarten 6-7, 10
Vietnam 80
Vitamine 162-163
Vogelsberg 70-71
Vorfahrt 130-131

W
X
Y
Wahl 91
Wald 42-53
Waldstockwerke 52
Waldtiere 42-49
Wärme 26-27
Wasser 6-23
Wasserkraft 125
Wasserkreislauf 6-7, 10-11
Wasserlöslichkeit 12-13
Wasserräder 119
Weihnachten 83
Welt 4-5, 76-79
Wetter 6-9, 24-29
Wetterregeln 24
Wettervorhersage 24-25
Wiesbaden 58-59
Wind 6-7, 24-25, 28-29
Windkraft 125
Wolken 6-7, 24-25, 23-29

Z
Zeit 177
Zeitung 112-113
Zeugung 175

179

Bildquellen

Seite 4.1: Visum, 4.2: Karola Valdix, Nersingen, 4.3: Dr. Rainer Jonas, 4.4: Blickwinkel (D. Mahlke), 4.5: Premium Düsseldorf, 4.6: Zefa, 4.7: Laif, 4.8: akg images – Seite 5.1: Avenue Images (Porter), 5.3: Blue Box, 5.4: Oed Photo, 5.5: MEV Verlag Augsburg – Seite 4/5: Astrophoto – Seite 8.1+2: MEV Verlag, 8.3: Premium, Düsseldorf, S. 8.4: Mauritius – Seite 9.1: dpa, 9.2: Premium, Düsseldorf, 9.3: Mauritius (Cash), 9.4: Ifa Bilderteam – Seite 10.1: Mauritius, 10.2: Zefa, 10.3: Peter Menzel, Esslingen – Seite 11.1: Das Fotoarchiv (Masino), 11.2: Imago (Schellhorn), 10.3,4, 5: Peter Menzel, Esslingen – Seite 12/13: Peter Menzel, Esslingen- Seite 14: Alexandra Motz – Seite 15: akg images (E. Lessing) – Seite 16.1: Schapowalow (Huber), 16.2+3: Zweckverband Bodensee-Wasserversorgung – Seite 17.1, 2, 3: Zweckverband Bodensee-Wasserversorgung, 17.4: Rainer Portenhauser, Mörfelden – Seite 18.1: Artur (Jochen Helle), 18.2-5: Peter Menzel, Esslingen – Seite 19.1: Johann Jilka, Altenstadt, 19.2+3: Peter Menzel, Esslingen – Seite 20.1: Mainbild, 20.2: Blue Box – Seite 21: W. Spitta – Seite 22.1: Bilderberg, 22.2: Mauritius (Hoffmann), 22.3: MEV Verlag, 22.4: Avenue Images (Porter) – Seite 23.1: Argus (M. Edwards), 23.2: Wildlife (Harvey), 23.3: GTZ, 23.4: Vario Press (Papsch) – Seite 24.1-4: Gräfe & Unzer Verlag (aus: Wolken-Wetter), 24.5: MEV Verlag, 24.6: Plainpicture, 24.7: Astrophoto – Seite 25.1: Deutscher Wetterdienst, 25.2,3,4: Peter Menzel, Esslingen, 25.5: Direktphoto (Bambey), 25.6: Uwe Mohr, 25.7: Corbis – Seite 26.1+2: Heiko Jegodtka, München, 26.3+5: Johann Jilka, 26.4: Deutsches Museum, München, 26.6a-f: Koch Thermometerfabrik u. KIA, Austria – Seite 27.1: MEV Verlag, 27.2: Peter Menzel, Esslingen, 27.3: Heiko Jegodtka, München, 27.4,5,6: Peter Menzel, Esslingen – Seite 28: Peter Menzel, Esslingen – Seite 30.1: A. Roth/Picbyte, 30.2: Heiko Jegodtka, München, 30.3: Imago (Widmann), 30.4: Johann Jilka, Altenstadt, 30.5+6: Peter Menzel, Esslingen – Seite 31.1+2: Heiko Jegodtka, 31.3: Imago (Niehoff) – Seite 32.1: dpa, 32.2+3: Ifa Bilderteam – Seite 33.1: Imago (HR Schulz), 33.2: dpa – Seite 34.1: Wildlife (Visage), 34.5: picture news (A. Oliver), 34.3: Visum (J. Arndt) – Seite 35.1+2: MEV Verlag, 35.3: Arco (Wothe), 35.5: ddp (D.Garcia) – Seite 36.1,2,3: Peter Menzel, Esslingen, 36.4: Johann Jilka, Altenstadt – Seite 37: Peter Menzel, Esslingen – Seite 39: Peter Menzel, Esslingen – Seite 40.1: Fire-Photo, 40.4: Heiko Jegodtka, München, 40.5, 6, 9: Branddirektion München, 40.7,8,10: Fire-Photo – Seite 41.1: Laif, 41.2: Roland Hottas, 40.3: Peter Menzel, Esslingen – Seite 41.1: Corbis (L. Richardson), 42.2: Wildlife (K. Bogon), 42.3: Natura 2000/Silvestris, 42.4: Wildlife (M. Gabriel) – Seite 43.1: Blickwinkel (T. Schroer), 43.2: Wildlife, 43.3: Imago (Schellhorn), 43.4: Ifa Bilderteam, 43.5: Wildlife (Arndt), 43.6: Wildlife (Volkmar) – Seite 46.1: Okapia/Bilder pur, 46.2: Dr. G. Laukötter, Oer-Erkenschwick – Seite 47.1: Okapia, 47.2+3: Reinhard Tierphoto, 47.4: Okapia – Seite 48/49: Blickwinkel (D. Mahlke) – Seite 53.1: Das Fotoarchiv (Riedmüller) – Seite 56: Vario Press (Baumgarten) – Seite 57.1: F1online (W. Dietrich), 57.2: Schapowalow (Art of nature), 57.3: Focus (R. Jahns) – Seite 58: Deepol/Edith Lauenstein – Seite 59: Helga Lade, Frankfurt/M. – Seite 60.1: Stadt Frankfurt/M./Der Magistrat-Stadtkämmerei, 60.2: F1online (Fehrenz), 60.3: Palmengarten Frankfurt/M. – Seite 61.1: picture alliance/dpa, 61.2: PIA Stadt Frankfurt/M., Foto: Karola Neder, 61.3: Bilderbox – Seite 65: Falk Verlag Ostfildern – Seite 66.1+3: Jörg Lantelmé, Kassel, 66.2: Schapowalow (Huber) – Seite 67: Achim Norweg, München - Seite 68.1: Das Fotoarchiv (B. Weller), 68.2: Das Fotoarchiv (Th. Krüger), 68.3: Helga Lade, Frankfurt/M., 68.4: MEV Verlag – Seite 69.1: Visum (W. Otto), 69.2: Wikipedia/Foto: Dietmar Giljohann – Seite 70: Okapia (Hans Reinhard) – Seite 71.1: A1Pix, 71.2: Schapowalow (Huber) – Seite 72/73: Astrophoto – Seite 80.1: Das Fotoarchiv (C. Meyer), 80.2: Laif, 80.3: Johann Jilka, 80.5: Corbis (K. Su), 80.6: Stefanie Roderer, München – Seite 81.1: Visum (B. Euler), 81.2: Heiko Jegodtka, München, 81.3: Superbild (HAGA), 81.4: Imago (Plusphoto), 81.5: Volkmar E. Janicke, 81.6: Imago (Pemax), 81.7: Das Fotoarchiv (Ch. Thege), 81.8: Lineair (Gilling) – Seite 82.3: epd-Bild, Frankfurt/M., 82.4: Arco (M. Edwards), 82.5: Arco (K. Wothe) – Seite 83.1: epd-Bild (Schulze), 83.3: Ifa Bilderteam (Smith), 83.4. Stockfood, München, 83.5: M. Schnackenburg, München – Seite 86.1: Johann Jilka, 86.2: Mauritius (Ferguson), 86.3: Deutsche Welthungerhilfe – Seite 87.1: dpa, 87.2: Lineair (Sprague), 86.3+4: Johann Jilka – Seite 88/89: E. Fischer, Köln – Seite 96.1: dpa, 96.2+3: Margarethe Steiff GmbH, 96.4: Märklin GmbH – Seite 97.1: akg images, 97.2: Rudger Huber, Moernsheim, 97.3: dpa, 97.4: K.D. Holenz, Leverkusen – Seite 94.1: U. Schwandt, Düsseldorf – Seite 105: akg images – Seite 106.1: akg images – Seite 107: M-real Zanders GmbH – Seite 108.1+2: Archiv Messer-Klinger, 108.3: akg images – Seite 109.1: Jürgen Liepe, 109.3+4: Deutsches Museum, München – Seite 112.1: picture alliance/dpa, 112.2 Vision Photos/R. Klostermeier, 112.3: Joker (Markus Gloger) – Seite 113.1: Terz! (Stefan Husch), 113.2: Michael Kneffel, Essen – Seite 114.1, 2, 4: akg images – Seite 115: Daimler-Chrysler/Mercedes-Benz-Museum – Seite 117.1: akg images, 117.2: Deutsches Museum, München – Seite 118.1, 2, 3: dpa, 118.4+5: Peter Menzel, Esslingen – Seite 119.2: Mauritius, 119.2: Imago (Niehoff), 119.3: Imago (Garcia) – Seite 120.1: akg imges, 120.2: Jörg Sarbach, 120.3+4: K.D. Holenz, Leverkusen – Seite 121: K.D. Holenz – Seite 122/123: K. D. Holenz – Seite 124.2, 4,5: K.D. Holenz, 124.3: MEV Verlag, Augsburg – Seite 125.1: Illuscope Euromarketing, Wien, 125.2+4: K.D. Holenz, 125.3: bsv-Archiv – Seite 126.1: MEV Verlag Augsburg, 126.2+3: Anne-Christel Zolondek, Haan – Seite 127.1: A. Roth/Picbyte, 127.2: Visum (N. Eisele), 127.3: Project-Photos, 127.7: Keystone (V. Schulz) – Seite 131: Johann Jilka – Seite 132.1-4: Anne-Christel Zolondek, Haan, 132 (großes Foto): Johann Jilka – Seite 133: Anne-Christel Zolondek, Haan – Seite 134/135: Anne-Christel Zolondek, Haan – Seite 136.1: Anne-Christel Zolondek, Haan, 136.2: A. Roth/picbyte, 136.3: Imago (R. Fishman) – Seite 138/139: Anne-Christel Zolondek, Haan – Seite 141: Robert Lukkau – Seite 142/143: Robert Luckau – Seite 144: Robert Luckau – Seite 148/149: Oed-Photo – Seite 145: akg images – Seite 154.2: Bildagentur Huber (R. Schmidt) – Seite 156.1: Freiherr von Dörnberg´sche Stiftung Burg Herzberg/ Foto: WFL GmbH, Gerhard Launer, 156.2: akg images – Seite 162: Johann Jilka – Seite 163.1: Mauritius (AGE), 163.2+4: Mauritius (Rosenfeld), 163.3: Mauritius (Jiri), 163.5, 6,7: Johann Jilka – Seite 164: Johan Jilka – Seite 166.1+2: Karola Valdix, Nersingen, 166.3: Elisabeth Mittenwallner, München – Seite 167.1: Johann Jilka, 167.2: Heiko Jegodtka, München – Seite 168.1: Johann Jilka, 168.2+3: Elisabeth Mittenwallner, München – Seite 169.1: Siefried Herrmann, Ringelai, 169.2: Hocoplast Bauelemente, Eggenfelden, 169.3: Johann Jilka, 169.4: E.+G. Voithenberg, München – Seite 171: Heiko Jegodtka, München – Seite 174: Avenue Images (L. Khomak) – Seite 175: Dr. Rainer Jonas – Seite 177.1: Artothek (Frischmuth), 177.2+3: Ulrike Schwandt, Düsseldorf. S. 105: © Successió Miró/VG Bild-Kunst, Bonn 2007
Umschlagfoto: Anne-Christel Zolondek, Haan.

Liedquellenverzeichnis

S.86 Andreas Ebert (Text und Musik), Kindermutmachlied. Aus: Meine Lieder - Deine Lieder. Hänssler-Verlag: D-71087 Holzgerlingen 2004
S.127 Georg Bühren (Text)/Detlev Jöcker (Musik), Und wir fliegen durch das All. Aus: Und wir fliegen durch das All. Menschenkinder Verlag: Münster 1997
S.161 Felicitas Kukuck (Text und Musik), Es führt über den Main. Möseler Verlag: Wolfenbüttel 1952

Trotz entsprechender Bemühungen ist es nicht in allen Fällen gelungen, den Rechteinhaber ausfindig zu machen. Gegen Nachweis der Rechte zahlt der Verlag für die Abdruckerlaubnis die gesetzlich geschuldete Vergütung.

© 2008 Bayerischer Schulbuch Verlag GmbH, München
www.oldenbourg-bsv.de

Das Werk und seine Teile sind urheberrechtlich geschützt. Jede Nutzung in anderen als den gesetzlich zugelassenen Fällen bedarf der vorherigen schriftlichen Einwilligung des Verlages.
Hinweis zu § 52a UrhG: Weder das Werk noch seine Teile dürfen ohne eine solche Einwilligung eingescannt und in ein Netzwerk eingestellt werden. Dies gilt auch für Intranets von Schulen und sonstigen Bildungseinrichtungen.

1. Auflage 2008
Druck 12 11 10 09 08
Die letzte Zahl bezeichnet das Jahr des Drucks.

Alle Drucke dieser Auflage sind untereinander unverändert und im Unterricht nebeneinander verwendbar.

Umschlagkonzept: Mendell & Oberer, München
Umschlag: Lutz Siebert-Wendt unter Verwendung einer Fotografie von Anne-Christel Zolondek
Lektorat: Bea Herrmann
Herstellung: Heiko Jegodtka
Illustration: Lisa Althaus, Jens Borleis, Christine Faltermayr, Irmtraud Guhe, Cornelia Haas, Marlene Passet, Thilo Pustlauk, Rainer Stolte, Gisela Vogel
Gestaltung: Erasmi & Stein, München
Reproduktion: artesmedia, München
Druck: Himmer, Augsburg

ISBN 978-3-7627-0117-0

 Das Papier ist aus chlorfrei gebleichtem Zellstoff hergestellt, ist säurefrei und recyclingfähig.